透视中国金融史

颜色 辛星 ◎ 著

人民日报出版社
北京

图书在版编目 (CIP) 数据

有形之手：透视中国金融史 / 颜色，辛星著. — 北京：人民日报出版社，2023.8
ISBN 978-7-5115-7805-1

Ⅰ.①有… Ⅱ.①颜…②辛… Ⅲ.①金融－经济史－研究－中国 Ⅳ.① F832.9

中国国家版本馆 CIP 数据核字（2023）第 082437 号

书　　名	有形之手：透视中国金融史 YOUXINGZHISHOU: TOUSHI ZHONGGUO JINRONGSHI
著　　者	颜　色　辛　星
出 版 人	刘华新
责任编辑	蒋菊平　李　安
版式设计	九章文化
出版发行	人民日报出版社
社　　址	北京金台西路 2 号
邮政编码	100733
发行热线	（010）65369509　65369527　65369846　65369512
邮购热线	（010）65369530　65363527
编辑热线	（010）65369528
网　　址	www.peopledailypress.com
经　　销	新华书店
印　　刷	大厂回族自治县彩虹印刷有限公司
法律顾问	北京科宇律师事务所　（010）83622312
开　　本	880mm×1230mm　1/32
字　　数	166 千字
印　　张	9.5
版次印次	2023 年 12 月第 1 版　　2023 年 12 月第 1 次印刷
书　　号	ISBN 978-7-5115-7805-1
定　　价	48.00 元

序 一
PREFACE

金融的本质是中介（intermediation），是以简单、直接、有效的方式将储蓄转为投资，实现资金跨时间和跨空间的交换。人类社会有记载的金融历史可以追溯到七千多年前。千百年来，金融中介的形式变化万千，然而，金融将处于不同空间和时间维度上的资金多余方和资金需求方连接起来的这个本质，从来没有改变过。作家薇拉·凯瑟曾说过，"人类其实就只有那么两三个故事，但他们每次都以不同的面目在重复着，好像之前从未发生过似的。这好比乡间的云雀，千百年反复吟唱的都是那五个音调"。在人类漫长的文明演进之中，发生在我们身边的金融故事，大概便属于人类的"二三事"之一。而找到好的叙事，不但有助于我们深刻理解金融本质，而且对于我们建设好的、高效服务实体经济的金融也有极为重要的启示意义。

金融是不断演进的。在漫长的金融演进中，一个国家所处的发展阶段、经济增长模式、宗教、文化社会习俗、法制传统、科学技术水平以及支撑创造经济社会活动的知识和思想体系等构成了金融进化的"土壤",这决定了金融中介提供什么样的产品和服务、采取什么样的中介流程和操作、通过什么样的组织形式来进行资金融通,以及如何确定金融治理的范式。在上下几千年的历史长河中,金融以不同面貌或直接或间接的方式参与中华文明的塑造,并成为中华文明的一部分。正因为金融是不断演进的,通过历史的视角,分析金融演进的底层逻辑,就具有特别的价值。

本书的题目是《有形之手:透视中国金融史》,围绕中国金融发展的历史展开,尤其梳理了政府进行金融治理的历史,为我们提供了一个独特的、全新的视角,并引导大家思考中国未来金融治理的方向。全书时间跨度从中国先秦时期到2023年初,可以说是一部通史类著作,为我们呈现了数千年中国历史上浩如烟海的金融治理创新如何推动"金融演进"。在金融领域,介绍历史的著作并不少,但在我看来,本书至少有两个重要特点。其一,本书虽然涉及中国金融发展史,但更加关注的是政府的金融治理历程,聚焦的是不同时代的金融问题和政府的解决思路,而非金融史本身;其二,本书虽然引用了大量的案例,但并不是历史上重大金融改革的案例研究集,而是关注于政府的金融治理思路和措施发生的系统性、脉络性演变。

本书所聚焦的不同时代中国的金融问题和政府的解决思

序　一

路，所引用和解析的大量案例，所关注到的政府金融治理思路和措施发生的系统性、脉络性的演变，几乎完整地勾勒出历史上中国金融的"演进"。以古代中国政府治理为例，书中分析从先秦到宋代，古代政府对金融的干预能力不断增强，从元代到清代前期则达到金融干预能力的巅峰。这种改变的背后，折射出制度基础设施、经济社会发展阶段、科学技术水平、王朝外部环境等因素的改变。从明朝中后期开始，规模化的国际贸易出现，中国在经济上开始与世界其他国家产生互动。经济的互动推动了金融的演进，贸易顺差带来的大量白银冲击了中央政府建立起来的金融秩序，同时主动和被动开放也让中国政府有机会了解到西方金融的治理模式。由此，金融治理体系的近代化在中国启程，而金融近代化的道路并非一条，不同的金融治理道路对中国政府的金融治理模式产生了深刻的影响。从古代到近代，再到当代，我们都可以看到经济、文化、科技、制度建设等因素的改变，对政府在金融治理方面产生的影响。

历史的重要作用，在于能够映照现实。透过政府金融干预的演变历程，我们可以更清楚地理解当前中国金融治理模式形成的原因；同时通过对历史的梳理，也能让决策者看到，当他们面对这样或那样的决策环境和治理对象时，什么样的做法已经被证明是不合适的，如何妥善应对危机，如何精准把握机会。

过去四十多年，中国经济成功的一个重要的原因在于"有为政府的有形之手"和"有效市场的无形之手"的紧密结合，中国金融展现出强大的聚集社会资金投向经济建设的能力。目前，中国经济社会正进入新的发展阶段，中国正经历从高速增长（资本和劳动力等要素驱动）向高质量发展（全要素生产率驱动）的发展模式转型，这意味着金融中介模式，尤其是金融治理范式，必须相应作出改变。

中国经济发展模式的变迁，要求中国金融向高质量、高效率、可持续的方向演进，以适应经济结构的调整。金融治理的目标作为经济政策的重要部分，应从单一追求增长转向一系列"有利于"，包括：有利于经济增长新动能的出现；有利于经济社会发展的安全稳定；有利于生态文明建设和碳中和目标的实现；有利于1.7亿个市场主体保持活力；有利于乡村振兴和共同富裕目标的实现；等等。金融治理目标体系的重新确立很大程度上界定了未来金融治理的范围、边界、内涵和具体举措。而进入新的发展阶段，评价金融治理有效性的标准也在变化。金融演进的终极目标是降低金融中介的成本，更好地帮助和支持实体经济。这一朴素的法则，穿越岁月山河，亘古未变。金融治理成功与否，最好的鉴别标准在于是否有效降低中介成本。

序 一

政府是金融治理的主体，和市场"无形之手"共同塑造着中国金融的面貌，书写着中国金融的历史与未来。在新的发展阶段，在推进中国式现代化的进程中，政府的"有形之手"对金融体系的介入程度比以往任何历史时期都要更为全面、更为深刻，这极大地考验着中国政府的治理能力。事实上，对于未来如何建设好的金融，建设更好服务实体经济的金融，我们可能很难有确切的、完美的答案。但是可以肯定的是，如果我们的政府治理能够选择以更加开放的态度去打破相对封闭束缚的金融体系，鼓励市场通过大数据和人工智能等技术突破促进金融发展，引导更多新的金融实践，激发新的金融思想产生，并且回归到坚定不移地降低金融中介成本这一朴素法则上，那么，中国金融的未来可能会走向更有潜力的方向。

透过历史视角，本书提供了一系列对于金融中介模式尤其是金融治理方式如何演进的思考。我期待有更多学者，以及来自业界和政策界的实践者和思考者，和本书的作者一样，加入到对中国金融未来发展的思考和实践之中，一起为建设支持中国式现代化的好金融出一份力。

北京大学光华管理学院院长　刘俏
2023 年 10 月 21 日于颐和园路 5 号

序 二
PREFACE

写这样一部书,是我们长期以来的心愿。

中国人对历史情有独钟。一直以来,历史故事备受国人钟爱,史学则更是中国千百年来毫无悬念的显学。近代开始,金融作为社会经济领域的一个重要研究对象进入历史学家的视野,大量优质的研究成果不断涌现。近年来,随着越来越多的历史资料被挖掘,中国金融史研究的深度和广度得到了很大拓展,中国金融发展的史实逐渐清晰。然而,关于金融市场发展和金融制度演进过程背后的逻辑以及推动力,学界至今缺乏足够深入的理论探讨。

在开始这本小册子的写作之前,我们已从事金融史研究多年,对中国金融史上的重大史实和重要细节基本熟稔。一直以来,我们都在试图寻找合适的时机和切口,梳理出一个能够贯穿不同历史时期的金融发展脉络。然而史料浩如烟海,学说百家争鸣,我们经常为吉光片羽般出现的史料感到欣喜,却也常常困扰于资料的琐碎繁芜,那个能够串联起中国金融发展历程的线索始终没有被找到。

随着研究成果的积累，我们逐渐发现，政府与金融的互动似乎是理解中国金融发展历程的一个高屋建瓴的视角。一方面，王朝政府是中国历史的年轮，不同朝代的特定社会经济背景会对这一时期金融发展产生深刻影响。如果忽略王朝特征，仅将其视为漫长平庸的时间河流，就无法理解那些特定历史时期金融发展的步伐和节奏，无法了解今天的金融面貌如何形成。另一方面，政府本身就是金融活动的重要参与者。中国历史上主要的金融活动诸如农业信贷、铸币、发行债券、印钞等，政府几乎都有参与。我们不否认特定时期民间金融活动的客观存在，但在某些层面无法避免王朝政府的干预，或者大规模民间金融活动本身就嫁接在王朝的重大部署中，例如军需交易等。

正是这些学术研究中发现的蛛丝马迹，让我们有了进一步深入研究政府和金融这一主题的勇气。成书过程中，我们不断自我批判和叩问，不断寻找历史中的自然实验，不断搜罗证据来证明或者反对自己的直觉。在经历这样的过程之后，我们更加坦然地将这本书呈现在读者面前，以中国政府的金融治理历程作为主线，将中国金融发展的逻辑和过程中的得失徐徐展开。

相较于当前其他聚焦中国金融史的著作，本书有几个重要的特点。第一，本书以问题为导向，聚焦的是不同时代的

序 二

金融问题,以及政府如何应对这些问题。第二,本书并不是简单地罗列历史上的重大金融改革案例,而是关注政府的金融治理思路和措施,以及其背后系统性、脉络性的演变,是一部真正意义上的通史类作品。第三,书中很多内容脱胎于作者的原创性学术研究,出于对文字的润饰提高,本书简化了部分琐碎的考据结果列举,尽可能做到通俗易懂。

我们在书中提出的主导性问题是随着时代的推移,国家对金融的影响力究竟是在不断加强还是不断削弱,这只"有形之手"究竟是更强还是更弱?而这种演变对于金融市场和金融行业又意味着什么?

这个问题困扰了很多人。从金融活动本身来看,宋元之后,货币经济迅速发展,民间金融日益繁荣,到了清朝中后期,票号、钱庄等近代金融机构已经具备了"富可敌国"的强大实力,无论是主观放松还是客观无力,"有形之手"的影响力似乎都在削弱,而且这种削弱似乎与金融活动的日益活跃和金融规模的持续增长相伴发生。因此,金融市场的自由似乎意味着金融活动的活跃与高效。

但事实远非这么简单。

我们发现,从长期历史来看,中国政府对金融活动的治理不断加强,虽然这种趋势会出现波动,例如明清时期的削弱和计划经济时代的加强,但是最终都会回归到一个稳定的演变速率。这个速率当然受中国社会经济发展阶段的影响，但更重要的是，它与王朝的金融治理举措息息相关。不同的政府行为塑造了不同的金融制度，不同的金融制度培育了不同的金融市场。

这个结论并不武断。金融发展十分依赖政策制度，而政府是最大的、最直接的制度供给方。政府的治理力度越强，其对金融的影响力度自然越大。而自古以来，金融作为与国计民生密切相关的领域，中央政权无论如何不可能放弃管理。一旦时机成熟，政府一定会加强对金融的治理，这是镌刻在政权组织形式中的本能。与此同时，中国人对历史的敬畏和对历史经验的不断总结，使得一代一代决策者的政治经验不断积累，而随着技术的发展，社会经济治理工具也不断丰富。在这种情况下，政府的金融管控能力是持续加强的。

这个观点得到了大量史实的印证。我们在写作中发现，从先秦到元代，中央政权都在不遗余力地加强金融市场治理，形成了政府对金融活动干预的"四次扩张"。第一次是两汉之交铸币权的彻底国有化，第二次是隋唐时期信贷等业务管理的细化，第三次是北宋开始的货币下沉，第四次是南宋国家信用的发展，以及由此引出的古代中国货币治理的巅峰——元朝法币。这"四次扩张"，实际上都伴随着中央政府社会治理能力的提升。

然而，如前所述，这一宏观进程也在局部出现过波动。

序 二

第一次波动始于明朝中后期。随着大量的白银流入中国市场，由宝钞体系建立起来的中国传统货币金融框架受到冲击。由于缺乏官方统筹管理，白银在中国市场上肆无忌惮地流通。这期间，王朝的货币治理能力出现了退潮，铜币退出的领域逐渐被白银侵蚀，而白银的流入、流出和总量根本不受中央王朝的控制，直到1933年民国政府推行法币，才重新夺回政府对货币的治理权，而这距离明朝中后期，已经足足过去了500余年。

第二次波动则来自近现代。有人认为，新中国成立前中国共产党在根据地和解放区的金融治理模式来源于苏联的计划经济体制，这种看法与实际情况是有出入的。资料显示，新中国成立之前，中国共产党在所辖局部的金融实践和金融斗争建立在当时全国统一的金融市场环境之下，就其本质并未脱离中国金融发展的历史轨道。新中国成立之后，在高度集中的计划经济下，政府对于金融的管控变得空前直接，形成了超出历史趋势的强力管理，而随着改革开放，这种直接的金融管控也逐渐松绑。

如果把镜头拉长，中国政府对金融的治理力度整体趋势是在增强，并且表现形式更加多元和间接，效果更加明显。近年来，随着改革进入深水区，关于改革的方向产生越来越多的讨论——中国的金融应该是什么样的？政府应该如何进行金融治理？有观点认为，中国作为金融产业的后发国家，应当以欧美发达国家的金融市场为参考，进一步推进金融市场化改革。也有观点认为，国家应当牢牢掌握对金融市场的管控权，并将这种权力作为国家主权的一部分严肃地捍卫。

很长一段时间，金融市场化改革的呼声呈压倒性态势，中国以发达国家为样本，推进了金融企业市场化改革，建立健全了金融监管体制机制，中国金融市场在规模和质量上都得到了显著提升，而因在部分金融领域没有国际化，反而有效缓冲了1998年、2008年两次金融危机对中国金融秩序的影响。此后，关于加强国家金融管控力度的呼声开始变得响亮。2018年之后，肇始于中美贸易的冲突开始向政治、经济、文化等多方面蔓延，中国金融改革面临的国际环境愈发复杂多变。是继续推进金融的市场化改革，还是恪守政府对于金融市场的管理主体作用？

其实，这个问题的答案非常简单。如果能够清晰地梳理中国金融治理的底层逻辑，了解中国政府金融治理模式是如何穿过风雨走到今天的，就可以知道未来的路应该如何走下去。

每个过往的时代，都藏着这个时代的答案。

颜色 辛星
2023年10月于北京

目 录
CONTENTS

上篇 古代中国政府的金融治理

壹
"有形之手"
是如何形成的

一、从"奉天承运"到"成王败寇"的政治文化演变 / 007

二、稳定压倒一切的治理逻辑形成 / 012

三、逐步伸向金融的"有形之手" / 019

贰
从桑弘羊到王安石
国家金融干预的酝酿与确立

一、周礼、桑弘羊与王莽 / 028

二、崩溃和重塑：中古以来国家金融干预的解构与重组 / 044

三、宏观调控的最后准备：货币帝国的出现 / 056

叁
突围与彷徨
王朝金融干预尝试和挫折

一、惊鸿一瞥与一步之遥：政府金融干预框架的巅峰 / 073

二、尝试、挫败与退缩：元代金融干预的强度与质量 / 084

三、白银的涌现、货币化进程及政府管控 / 094

中篇　金融治理的近代化变革

肆

"最好且最坏的时代"
帝国金融的繁荣与萎缩

一、王朝的账本：国际贸易、国际收支与白银流动 / 106

二、抱着金砖沉没：货币主权的被动沦丧 / 120

三、夕阳余晖：帝国政府最后的币制改革 / 126

伍

从晚清到民国
中国金融干预模式的
近代化

一、惊蛰：民间金融机构的量变和质变 / 143

二、从大清户部到中央银行 / 147

三、变局和思路：从晚清到抗日战争之前的金融治理 / 151

四、蹒跚走向金融治理近代化 / 158

陆

金融干预的
红色模式

一、苏维埃的金融故事 / 170

二、另外一半的中国 / 182

三、干预还是管控？新中国成立之初的金融治理 / 189

目 录

下篇 当代金融治理实践与方向

柒 改革开放以来中国金融干预的变迁

一、改革的启动键 / 206

二、重塑干预框架：金融治理体系的建立 / 216

三、干预的章法：政府金融干预的两个趋势 / 224

捌 干预金融的精细化时代

一、寻找金融的位置 / 232

二、历史困惑：开放还是不开放 / 240

三、金融监管的实质 / 249

玖 敢问路在何方

一、别人的"有形之手" / 261

二、"拿手"与"烫手"：中国政府金融干预的重点难点 / 270

三、"有形之手"将伸向何处 / 276

―― 上 篇 ――

古代中国政府的金融治理

中国政府的金融治理模式有着鲜明的特色。这种特点的形成一方面来自金融本身，即金融理论的积累和金融实践的丰富；另一方面则来自政治文化的长期影响和治理方式的不断变化。金融实践和政治文化塑造早在古代中国已初见端倪，我们从古代中国政府治理讲起，意在记录和展示千百年之前中国政府的金融干预的故事，深入探寻这种至今仍然影响中国政府金融治理思路的文化和制度滥觞。

本篇概述了中国古代政府金融治理的探索。第一章我们深入介绍中国社会治理文化的形成过程，分析了政府的社会治理思路是如何一步一步影响到金融领域的。第二章介绍了从先秦到宋代，金融如何在政府的引导和推动之下逐渐成为古代社会重要的治理内容，以及古代政府对金融的干预能力是如何不断增强的。第三章介绍了从元代到清代前期，政府如何达到金融干预能力的巅峰，以及这一时期政府金融干预能力面临的潜在危机。上述内容构成了理解中国政府金融干预的基本逻辑和框架。

第一章 "有形之手"是如何形成的

如果我们说,"无形之手"归根结底是来自于人们理性的逐利动机,是历史的车轮必然碾过的辙迹,那"有形之手"的出现同样是必然的吗?

北京大学经济学院本科学生在入学第一学期有一门必修课,即政治经济学。多年来,每逢第一堂课,老师都会推荐一篇特别简短的文章,叫《我,铅笔》(I, pencil)。这篇文章发表于1958年,作者是美国教育基金会主席伦纳德·里德(Leonard E. Read)。文章以第一人称视角出发,各种材料自述如何在完全没有统一计划和组织下,经历多个生产环节,最终成为一根可供出售的铅笔。就是这样一篇文章,被诺贝尔经济学奖获得者米尔顿·弗里德曼(Milton Friedman)奉为"经济学奇文"。文章中有这样一段话:

> 并没有一个主宰者来发号施令,或强制性地指挥生产我的这无数的生产活动。一点都没有存在这种人物的

迹象。相反，我们发现，看不见的手在发挥作用。这就是我在前面提过的神秘的东西。

对于绝大部分听课的同学而言，这是他们有生以来第一次以这种方式与"无形之手"这个词打照面。"无形之手"所代表的市场力量，成为这些未来的经济从业者们对于整个经济学帝国的认知底座。

有意思的是，一周之后，政治经济学的第二节课就抛出了另外一个重要的话题：经济学应该是实证的还是规范的？所谓实证，就是回答"经济学是什么"这个问题，探讨经济本身的规律，将经济作为一个客观的中性事物进行观察和研究。所谓规范，就是回答"经济学应该是什么"的问题，把经济学本身应当承担的价值判断放在首位。

历年来，这些年轻的面孔在课堂的激烈讨论之后，都会给出相同的答案：经济学应该是规范性的，是关心人类福祉的。而以政府力量为代表的"有形之手"就在此刻顺理成章地出现了，与之相呼应的"经世济民"的愿景和梦想就成了"有形之手"的出发点和落脚点。

如果我们说，"无形之手"归根结底来自人们理性的逐利动机，是历史车轮碾过的必然辙迹，那"有形之手"的出现同样是必然的吗？稍微思考一下，就会很难认同这个观点，因为政府"有形之手"调控的对象恰恰是市场这只"无形之手"塑造的世界,既然"无形之手"是人类理性逐利的聚合表现,那么对这种表现的干预一定会影响人们欲望的达成,一定是一种"增熵"的过程。

抱着这个观点踏入历史的长河,我们会发现,政府的干预史在人类历史的区间中出现得并不早,自然环境、社会经济、战争冲突甚至特殊人物的横空出世都影响了政府干预的能力和强度。中国在 2000 多年前就已经出现了政府对市场干预的古朴的法令和案例,而西欧出现真正意义上的金融干预则已到 15 世纪文艺复兴的尾声。时至今日,几内亚湾沿岸的非洲国家仍旧难以形成有效的政府干预。

中国有句古话,"久居兰室不闻其香,久处鲍肆不闻其臭",我们现在习以为常的"有形之手",是在经历了无数的血泪悲凉、无数的天时地利、无数的志士仁人之后,是在大势所趋的必然和惊心动魄的偶然交相辉映之后,才形成了当前的面貌,我们日常经历的平淡如水的规则和秩序,对很多人而言,其实远远不是理所应当的。

我们就从"有形之手"的形成讲起吧。

第一章　"有形之手"是如何形成的

一、从"奉天承运"到"成王败寇"的政治文化演变

（一）贵族时代——人类政治文明共同的童年

之前初中语文课本节选了《史记·陈涉世家》中陈胜、吴广起义的故事。"王侯将相宁有种乎"这句名言因此为大家所熟知。如果仅从文学视角阅读这句话，那么令人震撼的是坚强无畏的气魄；但是如果将这句话放诸当时的历史，王侯将相确实仅从贵族中出现，所以旁人应当反问一句，"对啊，难道不是吗？"

那么这"有种"究竟是什么？东西方文明在这个问题上达成了惊人的一致，都认为是类似神祇的决定和意志。中国王朝更替通常被认为是天命使然，正如历代诏书颁布的首条常会出现"奉天承运皇帝"，天降大任于一姓一族，被天选中是合法性的唯一来源，朝代的更迭都需要从五行中寻找出相克相生的依据缘由。而1世纪之后的西方，皇帝的任命需要经过教皇的加冕，即得到上帝的认可。1804年平民出身的拿破仑一世称帝，西欧大陆1000多年来第一次出现新鲜的皇室血统，而他成为贵族的重要环节，同样是得罗马教皇的加冕。

如果我们进一步追溯到人类文明时代的早期，不同种群

内部的生产组织形式和社会构成不尽相同,但是无论其社会组织是何种形式,都能发现其中一定会有一个社会阶层——贵族。马克思历史唯物主义的框架中提及人类经历了奴隶制社会和封建社会,事实上,在这两种社会形态中,贵族阶层都是非常重要的社会组成部分,只不过其具体衡量标准有所不同。至于为什么贵族在不同的文明体系中不约而同地出现,这已经超出了本书想要讨论的范畴,在这里我们想要思考的是,一个国家的社会治理能力和治理性格的形成是怎样受到贵族阶层的影响的。

我们不妨定义一下贵族时代。如果在一个政治时期中,贵族阶层足够庞大、足够稳定,并且这种稳定不仅是群体上的,更是精确的个体上的,我们就把这样的时代称为贵族时代。举个例子,当贵族数量足够多时,一部分平民的暴动推翻的只能是局部的贵族,而暴动的平息伴随着其他贵族的兼并,整个贵族体系不会受到影响。相反,如果贵族数量太少,与平民的对立斗争就会表现为阶层斗争,贵族作为一个阶层的不稳定性就会增高。同时,我们强调贵族阶层的稳定,尤其是个人和家族层面的稳定,是因为这种稳定能够让一部分人从出生就形成特定的职业范围,这种职业范围是由家族血缘、几代财富积累共同保证的,这使得贵族与平民有着极大的资源差距,正常情况下平民很难突破贵族的统治。我们把这样的时代称为贵族时代。

贵族时代在不同文明中持续的时间是有所不同的。在中国，真正意义上的贵族时代在秦末受到了第一次挑战，陈胜、吴广是中国历史上真正意义上的第一批非贵族领袖，其彻底的消亡则是在 10 世纪前后的唐王朝。而西欧的贵族时代则一直延续到 19 世纪，在拿破仑之前几乎没有新的大型贵族出现。如今已经进入 21 世纪，贵族其实并没有完全消失，无论是在最发达的经济体还是最贫困的经济体中，我们都能或多或少看到贵族时代的影子。

（二）精英时代——政治的世俗化趋势

精英时代指的是由具备重要专业技能的人群形成的社会财富和权力阶层的时期。与贵族时代最大的不同在于财富和权力传承的方式不再是依赖血缘，而是依赖广义上的能力。中国是最早出现精英时代的国家之一。在先秦时代的政治文化中，天命观有着重要的地位，没有任何人会认为，上天会将治理国家的权柄转移到一个平民身上，而秦末农民起义和刘汉王朝的建立是对天命观的挑战，人们发现，统治秩序原来并非自古注定的，统治权的神圣感似乎变弱了。

然而，这种挑战迅速被高度统一的新政权进行了思想改造，董仲舒《春秋繁露》等思想著作中塑造的天人合一的政治理念，配合察举制度，使得整个汉朝依旧维护着稳定的贵族统治秩序。这一时期除了皇族之外，其他重要的卿相和将领依旧由世袭产生。不过与先秦不同的是，这一阶段的贵族出现了更高频率的迭代，虽然整个贵族阶层依然把持社会资源，但是如先秦时期追溯数百年的贵族基本没有了，三国时期著名的军阀袁绍就以袁家"四世三公"为傲，可见这种历时百年的权贵家族在当时已经鲜见了。

到了唐中后期，科举制度的出现使得大量传统贵族系统之外的精英逐渐进入朝堂，"朝为田舍郎，暮登天子堂"，人们目睹了平民百姓掌国之司命，位极人臣。通过科举制度选拔出来的优秀人才对王朝治理发挥了重要作用，盛唐时期，名臣名将辈出，蒙荫世袭能够得到的财富地位不断降低，身为命官若不是出身科举则"终不为美"。与此同时，大量平民出身的将领在中唐之后形成了藩镇割据势力，权力获取与血缘本身的神圣关系进一步削弱，社会认知中对于政治本身的血统性崇拜开始瓦解，伴随精英时代而来的政治文化的世俗主义倾向开始形成。

（三）唐五代以来政治世俗化的最终形成

与很多其他的政治制度有所不同，中国政治文化中有着明显的世俗化特点。"胜者为王，败者为寇"，统治权力的来

第一章 "有形之手"是如何形成的

源是个人实力,而不是上天的选择。如前文所议,政治文化的世俗倾向并非一开始就出现,而是精英时代发展到一定程度在政治文化上反映出来的必然结果。

唐朝中期后的藩镇割据是五代十国的肇始。唐王朝灭亡后,中原和全国其他地区的军阀轮番称王称帝,军事实力成为政治地位的主要依托,武力代替天命为统治披上了合法的外衣。后周世祖去世后,军事领袖赵匡胤通过军变黄袍加身,更是让人们深刻地认识到天命本身的滑稽。虽然赵宋以及之后的帝国政权依然在政治文化上渲染皇权与天命的关系,但无论在朝在野,皇权已经是彻底的世俗权力,权力中枢周围的贵族特权不仅同样失去了天命的保护,同时也在皇权集中的趋势之下不断被侵蚀,贵族阶层按照帝王的好恶高频迭代,高质量奉行帝王要求的精英时代不断发展,而此时形成的世俗政治文化在之后的一千年基本没再发生重大变化。

看到这里,也许读者会提出疑问,为什么我们要在这里讨论中国政治文化的形成脉络?事实上,中国独特的世俗政治文化极其深刻地影响了中央政府社会治理的基本思路并随之形成治理特色,不了解这种政治文化的形成,可能很难理解政府在进行社会治理时的主要考虑,也就无法逼真描摹政府在进行金融管理时的内心画像。

二、稳定压倒一切的治理逻辑形成

（一）合法性的叩问——世俗王朝头上的达摩克利斯之剑

在早期的东方和西方，国家应该由谁来统治这个命题都交给了人类社会之外的天神决定。东方古籍《尚书》说："故是天之明命"，说的是王朝统治是遵循上天的安排。西方新约《圣经》中对主的祷告这样说："因为国度、权柄、荣耀，全是你的，直到永远。"这应当是对统治合法性早期的思考，即便到了现在，随着人们对自然和社会的理解不断深入，传统的神祇崇拜式统治合法性标准所占有的领地不断收缩，取而代之的是其他标准的合法性要求，所以统治合法性这个命题依然存在。

那么，为什么统治合法性这个看似形而上的问题对于统治者和整个社会而言如此重要？这涉及统治成本的问题。统治合法性本质上是一种社会价值观。具备什么样的条件才能够掌握统治权，本质上是社会对统治者提出的要求。这种要求越高、越朦胧，则其他潜在的竞争者推翻统治的难度则越大，统治者本身对于规则的解释权也就越强，而"被上天所选择"这个要求，看上去是非常难以实现的，因为必须要有极具说服力的征兆，证明自己是"天选之子"，所以我们经常

第一章 "有形之手"是如何形成的

能够看到统治者早年异于常人的传说。既然是天选的，社会接受其统治便是天经地义。此时，这种合法性代替了很多宣传和武力，降低了维持整个社会的统治成本。从历史实际中，我们也发现这种做法的确奏效。中国史料中从夏朝到秦朝几乎没有大规模颠覆性的平民革命，基督教笼罩下的地中海世界在18世纪之前也鲜见颠覆性的平民革命。如果我们仅从革命的实现难度看，是难以理解的，因为在国家力量松散的冷兵器时代，政府军队的规模和战力与平民差距较如今而言小很多。

相反，大规模平民革命的到来，除非是在民不聊生的环境之下，"亡亦死，举大计亦死，等死，死国可乎？"其他的平民革命爆发之前，通常都有对于统治合法性的讨论，这种讨论通常的表现形式是思想解放运动。无论是辛亥革命之前的西方民主共和思想的广泛传播、中国共产党成立之前的五四运动，还是法国大革命前的启蒙运动、德国农民战争前的宗教改革等，都是对原有统治合法性提出了怀疑，进而产生了无比庞大的社会凝聚力，给统治者带来了不小的麻烦。

理解了统治合法性之后，我们就会发现，依靠天命的政治文化向成王败寇的世俗政治文化演进的过程中，中国的统治者陷入了深深的忧虑，虽然清理了跟自己分享权力的贵族阶层，但是却向全社会发出了一个信号，"你行你上"。原来的贵族时代，上品无寒门，下品无士族，谁有机会参与统治有着十分明确的标准。但是精英时代以来，精英的判断标准就很模糊，所以这个时候便出现怀才不遇，以及愤世嫉俗。发展到极致，就会出现黄巢和洪秀全，近期有一项顶级期刊上发表的中国经济史的研究[1]提出，科举的废除是导致清王朝灭亡的重要原因，因为切断了精英成长的路径，精英们不干了。

那么，精英时代以来的中国王朝如何解释统治的合法性？虽然从形式上依旧有着天命政治文化的外壳，但是实际上的统治逻辑却已经发生了替换，一种新的统治合法性逐渐出现了——绩效合法性：谁能够把这片土地治理好，谁就是合格的统治者。中国传统的王朝治理都极其关注民生，对于民力的体恤和关怀远远高于对开疆拓土的兴趣。清朝雍正帝曾说，自己虽然不是汉族，但是比曾经的汉族皇帝都辛苦，都更加励精图治。这其实也是对绩效合法性的体认。

绩效合法性的出现对于统治者的影响不可一概而论。一方面，绩效合法性的出现减少了人们对于统治者出身、获取政权途径等方面的苛责，既然上位，姑且承认。但是另一方

---

[1] Jia Ruixue. 2016, Elite Recruitment and Political Stability: The Impact of the Abolition of China's Civil Service, Econometrica.

面，却无形中提升了对治理质量的要求，如果不能国泰民安，如果不能实现百姓富足，那你就不是一个合格的统治者，就有被替代的风险。恰恰是这种绩效合法性，成为悬在中国历代统治者头上的达摩克利斯之剑，一旦社会绩效出现了问题，问题可就大了。

那么，究竟什么才算绩效好呢？在中国漫长历史长河中，治理绩效最基本的标准是：国泰民安。换言之，稳定。

（二）稳定的作用

我们经常能听到这样的话，"稳定重于泰山""稳定压倒一切"。从政治治理的层面上讲，稳定能够减少社会对治理合法性的质疑。

对统治者而言，稳定首先是被统治者的稳定，尽可能地避免暴力革命。要实现这个层面的稳定所需要的门槛较低，且随着军事能力的不断发展，流寇武装和官方武装的力量差距不断拉开，暴力革命出现的可能性不断减少。其次是统治集团内部的稳定，事实上，统治集团群英会集，当代的代议制、选举制等政治制度之下，统治集团流动迭代迅速，统治集团内部的不稳定性更大，稳定问题与民意舆情、国际斗争有着密切关系，当出现群情激昂或者国际形势动荡，统治集团内部就会出现利益集团的消长，进而带来集团内部的斗争和失衡。

中国历史上经常会出现因地方不稳定导致的权力中枢洗牌。例如，辛亥革命期间，晚清政府并没有与南方政权出现正面军事斗争，起义的结果使得以袁世凯为代表的北洋新军在清廷中的重要性迅速提升，造成了中央政府内部的权力洗牌。正是因为这种不稳定因素牵一发而动全身，绩效合法性之下的政府对于稳定有着近乎敏感的要求，任何微小的问题若是没有提前加以注意，便会小事拖大、大事拖炸，能够提供更高质量绩效的竞争对手此时便可有理有据地取而代之。

在这种情况下，当稳定和绩效出现了冲突，即便对于绩效合法性的政府而言，统治者也更愿意倒向稳定。相比于稳定，良好的绩效实现周期长、投入高、难度大，而稳定一旦出了问题，则牵扯面更广，影响更深刻。

（三）稳定压倒一切是普适的吗？

在现实社会中，我们总能够发现有的经济体更加具有开拓进取精神，但是有的政府则看上去更加因循守旧，求稳维稳。社会民众通常将造成这种不同的原因归结于统治者本身的治理思想和治理视野，认为因循守旧的统治者带来了因循守旧的国家治理。例如，即便现在，很多人依然将晚清时期政府的腐朽和顽固归结于慈禧本人的守旧，但这是唯一的决定性原因吗？当我们将目光放诸当前诸多保守的非洲国家时，会惊讶地发现其统治者通常毕业于欧美名校，在发达国家接受了最前沿的教育，为什么这样的人回到自己的国家，却会变得没有那么锐意开拓了？可见，统治者对于稳定的要求并不完全是个人性格带来的结果，这种以稳为重的治理基调一定有其他更加深刻的原因。

那么，什么样的国家更容易对稳定形成诉求？其实，"稳定压倒一切"的治理框架形成需要一个重要的条件，即治理合法性本身的立论总会受到挑战和质疑。对于稳定十分敏感的国家主要有两种类型，要么是其治理合法性本身存在问题，比如沿用了明显损害社会效率的制度、牺牲了社会更多数人的福祉；要么是在激烈的国际竞争中其治理合法性总受到其他强势国家的歧视，比如"二战"结束之后欧美发达资本主义国家从意识形态上对社会主义国家进行批判，经济上的弱势带来了政治文化代表性和话语权的弱势，进而抬升了社会对于治理合法性的不信任。在这种情况之下，保持治理的稳定是长治久安的重要方法。这也就意味着对稳定的追求不仅是为了避免内部的治理问题，更是一种与其他治理合法性价值观竞争的要求。

我们不认为在治理合法性上有优劣之分，但是不可否认，在实际中常常出现"绩效通吃"的现象，即一个国家一旦在经济、军事上表现卓越，则其在其他领域的表现都会被视为卓越，经济领先的国家的治理合法性体系会被强加成一定范围内的世界性观念，对于占据治理合法性主流发言权的国家而言，在治理尝试上往往会更加大胆，因为在这个历史阶段之内，治理合法性的判定权和发言权在其手中，稳定对他们而言不一定压倒一切。因此，治理合法性本身跟统治者的属性关系不大，而与其治理效果是否比同时期其他国家更出色有关。同样在封建专制制度之下，唐王朝对于不同的文化就有更多的包容性，宋王朝也从来没有进行长时间大规模的闭关锁国，很大程度上是因为这一时期国内的社会经济相对周边地区更加发达，所以统治者对治理合法性就更加自信。设想一下，如果当今世界上最发达的国家是专制帝国，那么自然就会有很多人质疑其他民主共和国的权力来源于人民是否合法。民主共和国的统治阶级可能需要花更多的心思证明自己的统治更加可靠，而且尽可能避免会造成动荡的尝试，在重大决策上更加趋稳求稳。

  我们将目光收敛到中国身上，从历史上看，中国历朝政府面临的内外部环境不同，其对于治理合法性的信心也有所不同，这就导致了不同时期中国政府对于稳定的诉求是不同的。近代以来中央王朝在内忧外患之中趋于保守，整个民族也在一次又一次的尝试中逐渐探索适合自己的道路。如今，距1911年清王朝覆灭已经110余年了，随着中国经济的飞速增长，以中国为代表的政治文化和治理理念开始被越来越多地关注和认可，但是相对于领先世界几百年的经济体，中国的诸多治理理念尚未被广泛接受，以西方政治文明为基础的契约合法性就与中国的绩效合法性在诸多方面存在抵牾，而中国作为重回世界舞台中心不久的发展中国家，在用实践坚守自身政治文化的同时，也高度重视社会稳定的作用。在这种背景之下，金融作为社会治理重要的板块，其从诞生之初就注定进入政府治理的视野。其受政府管控的强度，不仅取决于金融自身发展的情况，更与政府治理的环境背景和时代特征同频共振，形成了独具中国特色的金融干预史。

三、逐步伸向金融的"有形之手"

正如金融并非自古就存在一样，政府对金融的干预也并不是从金融出现以来就存在的。翻阅不同国家的金融发展史，会发现金融分之相生相伴，共同发展。早期的大多数金融活动没有受到政府的专门管理，但是随着时间的推移，情况开始出现分化，不同的经济体或早或晚都开始对金融专门管理和管控。这种管控体系形成的时间有所不同，规模和深度的差异也很大。不过从趋势上看，即便是最信仰"小政府"的国家，其对于金融的治理都呈现出不断细化、深化的趋势，"有形之手"伸向金融是人类历史上难得的共识。

（一）从管理走向管控

人们很早就开始关注金融的作用。在人类文明发祥的很多地区，大量的经营活动为金融的出现做好了铺垫。除了传统的信贷业务之外，担保、保险等更加复杂的金融业务已经出现。在公元前10世纪至前6世纪的古亚述国就已经出现了类似本票、汇票和支票等的金融工具，而期货合约在公元前4000多年的美索不达米亚平原已经出现，公元前1200多年埃及、印度和阿拉伯都已经出现了普遍的期货交易，公元前3000多年的古巴比伦已经出现了保险，最迟至公元前1500年叙利亚就已经出现了用来抵御自然灾害的公共基金。公元前5世纪地中海沿岸的雅典已经出现了房地产抵押贷款。中国从公元前16—前11世纪的商朝就开始出现了大量关于经济和贸易的文献资料，也正是因为商国人多从事经贸活动使得"商人"成为商业活动从业者的称呼。这一时期，中国最初的货币开始出现，并且随之出现了借贷活动，且这种借贷不仅是民间借贷，同时还有政府向民间发放的贷款。《周礼》中明确记载了周朝贵族之间信贷的行为规范，由此推断民间信贷应该出现得更早。

第一章 "有形之手"是如何形成的

中西方的统治者都注意到了金融在社会生活中的重要作用，也充分意识到了管理金融活动的必要性。大家熟悉的"埃及艳后"就十分注重不同贸易国家之间的汇率管理，以避免本国商人利益受损。古雅典著名的立法者梭伦十分关注对贷款人权利的保护。中国在西周时期出现了平抑粮食价格的赈济系统。在这一阶段，统治者将金融作为一项经营活动进行管理，更多扮演了支持、引导和服务的角色。

然而，随着经济活动的不断发展，一些令管理者警觉的现象开始出现。根据亚里士多德的记录，在公元前300年，商人已经开始通过贷款控制部分城市的橄榄油压榨机，并直接操纵橄榄油价格，中国在春秋时期出现了放高利贷的现象，"春秋四公子"之一的孟尝君就是通过放债取息收养宾客，每年收入超过10万钱。金融行业出现的这些变化实际影响了国内社会经济生活秩序，也在一定程度上对社会稳定产生了影响，东西方的统治者不约而同地注意到了这种现象，对于金融的态度也由之前的管理逐渐变成管控。《汉谟拉比法典》就将借贷的年利率严格控制在20%至33.3%之间，《圣经》和《古兰经》也明确反对高利贷，春秋齐国的名相管仲也阐释了高利贷的危害，在管控高利贷的同时大力推进国家低息贷款。此时，统治者不仅仅是在管理金融活动，而是开始对金融活动进行监督和控制。可见，无论东西方，政府对金融的管控历史已经超过 2000 年。

（二）中国历史上政府进行金融干预的特点

虽然东西方文明框架之下的政府对金融的干预有很多共性，但是从具体的实践上看，中国历史上的政府对金融干预有着很鲜明的特点，这些特点孕育于长期以来中国独具特色的政治文化。世俗化的政治治理基调虽然极大程度上解放了政府的治理能力、吸纳了优秀的治理队伍，但与此同时也让统治阶层对金融的强大影响力和传染力提心吊胆，而这也使得金融这一洋溢着英雄主义和冒险主义的事业在中国历史上竟然显得有些温文尔雅甚至韵味黯淡。

首先从金融治理的内容上看，中国有漫长的文明历程和经济发展历程，金融活动理应形式丰富，规模庞大。可是从政府对金融的治理层面看，我们对金融活动的管理仅局限在官方铸币、民间利率管控、官方信贷、厘定币值这几个最初级的金融管控形式，并且迟迟未能形成更加深入的金融管理理论，我们从鸦片战争后咸丰皇帝朝议的记录来看，当时对于货币的理解还拘泥于货币数量与物价关系的讨论，与 2000 多年前《管子·轻重论》中的"币重则万物轻，币轻则万物重"相比，几乎没有任何突破。唯一值得一提的是两宋期间，在高度发达的货币经济环境中，中国差一点敲开了现代财政国家的大门，但是国家信用短暂而绚丽的出现并没有被元之后的王朝继承，明清之际随着东西方贸易的出现，国内金融活动出现了很多新的特征，政府没有意识到白银涌入对治理而言意味着什么，导致中国在从明朝中后期以来的漫长时间段内，对货币市场没有任何管理，更谈不上什么货币政策了。

再从国家金融治理的机制上看，中国历史上几乎从来没有出现过长期的、稳定的、有效的金融管理制度，只有政府集中需要，才思考应对之策。这一点我们从铸币管理就能看出来。通常情况下，国家在面对大额支出时，会通过国库支出和铸币生财，也曾出现过印发纸币的情况，但是史料中基本没有见到过在经济波动带来的通货紧缩之下，政府为了提升社会流动性而铸币，这种金融治理本质是服务国家重大战略，远非常态化布局。读者们都很熟悉的三国人物董卓，他火烧洛阳，掳走皇帝去长安之后，就曾经为了补充国库开支大量铸制不足额的"五铢钱"。当然，他短暂的统治自然来不及形成货币管理的稳定机制。但是大家更加熟悉的诸葛亮在随刘备入蜀之后，几乎放弃了常态化铸币，当地布帛反而充当起了一般等价物的功能，形成了独特的布帛、食物、金属铸币共存的交易体系。之后的历代王朝几乎没有对货币的长效治理，真正意义上的常态化金融治理机构，则是在清中后期才开始形成，这时距离后来成为大英帝国中央银行的英格兰银行成立,已经过去了200多年。

想到这里,我脑海里竟然全都是那群第一批开眼看世界的中国官僚,他们穿着长袍大褂,戴着顶戴朝珠,文着仙鹤麒麟,喊着吾皇万岁。当这样一群人第一次看到闯入中国的西方商业银行的柜台时,他们该是怎样的惶恐与惊讶。他们刚刚接过接力棒,环顾四周,发现自己遥遥落后,但也只能承受着保守和腐朽的骂名,继续往前跑。如今,中国已经是第二大经济体,有着庞大的金融规模和不断完善的监管框架,这个时候再回望百年前那些狼狈的先驱们,似乎能够更加心平气地体味那一代有识之士的郁愤和彷徨。

(三)政府干预金融的两条变迁主线

漫长的历史长河中,中国政府对金融的干预措施虽然有波动,但整体来说有两条清晰的变迁主线。第一是干预金融的价值导向消长,第二是干预金融的下沉程度深浅。

没有脱离政治的业务,也没有脱离业务的政治。我们在上文中从政治文化的角度论述了金融治理的政治色彩。无论是周武王灭商之后废除前朝政府债务、两汉时期政府管控民间借贷利率,都对经济发展本身关注得少,对带来的政治稳定期待得多。换言之,"经济发展"这个概念是近现代以来随着GDP等具体宏观数据的广泛应用才逐渐进入人们脑海。

第一章 "有形之手"是如何形成的

1712年,康熙帝颁布了一道重要的谕令,即"永不加赋",即国家赋税以当年核定为准,不再增加,将王朝的收入稳定在固定水平,可能我们今天看来匪夷所思,但是在漫长的王朝时代,千秋永固可能是人们对社会经济更普遍的价值倾向。在马尔萨斯的理论中,社会财富增长的步伐会被人口增长牢牢拖住,经济总量在理论上会与人口总量同速变化,而在近代以前漫长的历史时期内,全球人口增速缓慢,经济总规模也趋于稳定,没有人在脑海中会有经济增长的概念,更没有人苛求通过金融刺激经济增长,更多的是不让金融活动动摇国家稳定。但在宋朝时,盐引等以国家信用背书的证券成为王朝负债收入,并且极大程度上给长江流域的大宗交易带来了便利,此时政府对金融的支持则具有更多经济工具色彩,这一色彩在从晚清到民国之间逐渐增强。政府在政治导向和效率导向之间的徘徊构成了金融干预发展的第一条主线。

金融下沉远远比大家想象得要重要。在2001年加入世界贸易组织之前,中国国内的商业银行曾经经历了非常迅速的网点铺设,很大程度上是为了应对金融准入闸门放开后外来银行对国内金融机构的渗透。如今,虽然整体趋势上看商业银行物理网点的数量都在趋减,但是却同时有诸多终端金融应用更快更远地覆盖个人的资产负债。金融下沉的程度一方面决定了整个金融整体的资产负债规模,另一方面也决定了政府干预的颗粒度。古代的金融下沉依靠什么？其实就是货币。货币能够到达的地方，就是王朝统治能够触及的区域。2019年中国银联出品了一个微电影《大唐漠北的最后一次转账》，讲述的就是大唐货币在西域的流通，其实是治理范围的象征。事实上，在宋朝之前，中国的货币数量一直不足，除了城市之外的大量交易基本上需要依赖布帛、粮食等一般等价物。宋朝之后，货币进入了农村，国家才真正实现了金融的下沉，对金融的干预至此才成为对每个人行为活动的干预。然而，这种干预到了明清却发生了退化，随着白银和其他国家货币在国内的无管控流通，以及屡次通胀带来的铸币信用下降，大额交易开始被白银替代，金融下沉程度又出现了波动，直到民国三十三年（1944）法币出现，这种金融下沉才最终完成。这种货币下沉深浅的波动构成了金融干预的另一条主线。

这样，我们这本书的框架就基本形成了，即围绕中国特色政治文化下的治理特征，以政府对金融干预的目标变化和政府对金融干预的下沉程度为线索，探索古今中国政府进行金融治理的背景、逻辑、框架、方式和效果。在这个过程中，我们能够清晰地触摸到历代仁人志士的情绪和心跳，能够深刻地体会到历朝统治者的雄心和踌躇，能够目睹万千平凡百姓的无助与轻叹，更能够冷静审视这个时代的浮躁与繁荣。

看过这一切后,我们可能会对历史车轮的冷酷怀有悲悯,但是,我们可能更应该感恩这种磨合之后的治理智慧能够不辞劳苦地跋涉千年,直到今天与我们相遇。

第二章　从桑弘羊到王安石：国家金融干预的酝酿与确立

当金融活动在"普天之下，莫非王土"的时代大规模出现的时候，"率土之滨，莫非王臣"的局面也呼之欲出，统治者也开始谨慎而认真的审视这个虽然年轻却不容小觑的治理对象了。

一、周礼、桑弘羊与王莽

（一）礼乐之下：金融的产生与发展

从历史文献和考古证据上看，不同文明体系中，金融活动出现的时间以及规模是有所不同的。那么究竟是什么原因造成了这种不同？为什么有的地方很早就有了金融活动，而有的地方直到近代被人类地图描绘出来的时候仍然没有出现货币？

我们不是第一个思考这个问题的人。对于金融起源问题的探讨吸引了无数聪明的大脑，也形成了很多不同的金融起

第二章 从桑弘羊到王安石：国家金融干预的酝酿与确立

源理论。直至今日，仍然有很多学者和学术著作从不同角度为金融的起源寻找蛛丝马迹。其实，从金融的本源出发，更便于我们思考这个问题。金融本质上是资本跨时间和空间的调配，能催生出这种需求的区域就有可能更早出现金融活动。

金融的出现和发展受到很多因素的影响。首先，自然环境很大程度上会影响金融活动，春耕夏耨，秋收冬藏，粮食作为人类历史上第一个大宗商品，其生产过程呈现出明显的跨时间波动，投入和产出时间相隔数个季度，借贷和期货等基础金融产品很容易出现。著名经济学家戴蒙德在其脍炙人口的《枪炮、病菌与钢铁：人类社会的命运》一书中就曾提出，低纬度常年高温的环境使得生产活动几乎不会受到季节性影响，因此导致非洲大陆缺乏储蓄的经济习惯。一次与非洲企业家聊天，我发现他们通常会每周五就给工人结算工资，因为如果按照每月结算，很多人会将所有的钱迅速花完，导致每个月的中下旬身无分文，基本生活都会成问题，这种储蓄观念直到今天可能仍然影响着非洲大陆的经济文化。

其次，合适的产业结构同样也会激发金融活动的出现，贸易就是其中之一，且跨越的时空越长越久，需要的资金支持和风险保障就越多。意大利在罗马共和国时代就已经把借贷和集资频繁用于地中海沿岸的贸易，14世纪荷兰出现了股票交易市场，而这与两地在当时发达却高风险的航海贸易有着重要的关系。

除此之外,很多经济学家也关注到了制度对金融活动的不同作用。在以人情为主要纽带的经济单元中,金融活动以社会关系为背书,虽然牢靠但是规模有限,且金融活动的地域范围以本地为主。而拥有较为完善的产权制度和违约惩罚制度的经济单元,金融活动的开展并不一定要依托亲缘关系,制度代替人情在更广阔的范围内捍卫了金融活动的安全性,因而更容易催生出额度更大、形式更多样、范围更广泛的金融活动。例如中世纪北非的马格里布商人和意大利的热那亚商人就形成了鲜明对比,在双方都有欺骗动机的商业贸易流程中,马格里布商人会在商人集团内部交流信息,欺骗者将失去信誉,并面临整个集团的惩罚,因此每到一个新的市场,马格里布商人通常会寻找马格里布人开展贸易。热那亚商人则并不在乎交易者是否同样是热那亚人,而通过合约与法庭来维系与陌生人之间的交易,执行合约成了热那亚商人的选择。随着地中海区域贸易规模的逐渐扩张,热那亚商人这种依靠制度和司法规范的贸易模式展现出了更好的适应性,逐渐成为中世纪地中海贸易最重要的群体。可见,稳定的制度支撑,对金融活动的出现和壮大同样具有重要的意义。

古代中国似乎具备了诸多催生金融发展的条件。一直以来,中国就是重要的农业国家,我们当前在超市里看到的"五谷",在商朝就已经全部出现了,北温带农业为主的生产形式使得投入和产出要经历漫长的周期,而不时发生的自然灾害和战乱影响则让资金链条更加脆弱。西周的青铜器上也记载了匡季争抢稻禾的纠纷,判定抢夺者如不能按时归还,则需执行惩罚性利息,已经出现了类似金融手段的影子。与此同时,商周时期中国已经出现了一定规模的商业贸易。例如周灭商之后,周武王告诫商朝遗民,"奔走事厥考厥长,肇牵车牛,远服贾",可以驾牛车到远处经商,奉养长辈。如今我们称呼做生意的群体为"商业",也是自此而始。中国的国家制度出现得很早,中央王朝对百姓民生都高度重视,而对百姓生产经营过程的保护也逐渐透露出金融的身影。《周礼》中记载"凡民之贷者,与其有司辨而授之,以国服为息",是说百姓需要贷款的话,由国家相关人员审核放贷,百姓按固定利息届时还本付息。在这些制度推动之下,金融活动在中国土地上的出现也不算是偶然。

翻遍上古文献,似乎在西周之前从来没有出现过走进丹青史册的巨商。春秋战国时期,第一个富商出现了:陶朱公。据传他就是曾经与越王勾践一起卧薪尝胆,辅佐勾践灭吴复国的范蠡。大业既成后他挂印归隐,于陶地经商。《史记》记载他:"候时转物,逐什一之利。居无何,则致赀累巨万。天下称陶朱公。"所谓"候时转物"四个字,无论如何也逃不开一段金融故事吧。到了秦汉时期，私人铸币、高利贷等金融活动造就了一大批富人，"富者连阡陌，贫者无立锥之地"。金融活动不断拉扯着贫富两极，冲击着社会的主流价值观，"天下熙熙，皆为利来，天下攘攘，皆为利往"，对世俗如此坦率的描述出现在了充溢着王侯将相的英雄主义宏伟著作《史记》之中，不知道司马迁落笔之时，心里回荡着怎样的喟叹呢。

正如"无形之手"的下一堂课是"有形之手"那样，当金融活动在"普天之下，莫非王土"的时代大规模出现的时候，"率土之滨，莫非王臣"的局面也呼之欲出，统治者终于开始谨慎而认真地审视这个虽然年轻却不容小觑的治理对象了。

（二）两只"有形之手"

无论是封疆大吏、尚书部堂，还是班级组长、团支部书记，在进行管理的时候，脑子里一定会思考这样一个问题：抓手在哪儿。"抓手"这个词真的非常形象，总让人联想起游乐厅里的娃娃机：你能够投的硬币有限，每次投币，机械手只能抓一次。所以，一定要选择最准确的位置按下按钮，才能将娃娃抓起来。如果用光了硬币又没有找准位置，那只能两手空空。

第二章 从桑弘羊到王安石：国家金融干预的酝酿与确立

社会治理跟抓娃娃太像了，对于治理者而言，在这个时间节点上他能够动员的所有社会资源只能让他实践一次，一定要选择最精准的领域进行治理领域的破局，一旦失败，轻则错过机遇，重则动摇统治根基。而一旦抓准了位置，提纲挈领，纲举目张，其他诸多事项都顺水推舟。

那么，我们假设自己现在是周秦汉时代的统治者，当面对整个社会不断活跃的金融活动时，需要从什么地方入手进行治理呢？从历史上看，周秦以来几乎所有王朝在进行金融治理时都大致从两个方面寻找突破口，第一是货币治理，第二是信贷治理。这两类金融治理框架的形成是农业经济下社会经济发展的实际分野，也是统治者对金融活动基本构架的综合判断。

中国政府对货币的治理出现得非常早。《周礼》和《竹书纪年》等先秦文献中都有关于国家货币制度的介绍，到了春秋战国时期，已经能够从文献中找到私铸货币的犯罪案例和处罚情况。了解国家对货币管理最直观的方式就是观察货币的形制。如果你看过先秦主题的电视剧，可能会关注到不同国家形状各异的货币，秦统一全国之前流动的货币主要有三种基本形状，第一种是刀币，形状如刀，主要流通于如今的山东和河北北部，是齐鲁赵等国的主要货币形态；第二种是布币，形状有些像古代的编钟，或者现代汉字中的凸字，主要流行于太行山以西的山西和河南北部,是晋国的主要货币;第三种是环币,后世通行的外圆内方的币型就是环币大类,主要流行于秦地。这些货币的造型统一,且铸造的地区都相对集中,说明在春秋战国时期,铸币已经在政府统一的管理之下了。在先秦时期,金属货币并没有普及,布帛同样也作为准货币的一种参与市场流通,秦《金布律》中也对货币和布帛的比价进行了规定,丰富了货币使用的参照体系,其实也使得不同币种之间的交易有了更清晰的汇率基础。我们透过弯折枯槁的竹简看到那些充满生活气息的千年故事,也的确会有发自内心的亲切和钦佩,这对货币的管控构成了"有形之手"的重要部分。

其实,中国古代金融治理走在世界前列的是对信贷活动的治理。诚然,我们在第一章中介绍了很多很早出现的信贷形式和信贷案例,人类文明进程中诸多地区都出现了信贷活动以及政府对其的管控,但是在中国,政府很早就直接参与到信贷活动之中。《尚书》记载周武王灭纣王时,就将商政权发放给百姓的贷款凭证一并焚毁,以求民心。《周礼》中也记录了专门给百姓发放生产贷款的机构。春秋战国时期,各主要大国的政府都会给从事农业生产的百姓发放赈济性质的贷款,这种普惠性质的贷款利率远低于民间利率,以显示统治者的仁德。直接参与信贷活动对政府的实力有很高的要求,

第二章　从桑弘羊到王安石：国家金融干预的酝酿与确立

而很早就进入集权时代的东方政治体制之下的政府可能更具直接支持信贷活动的实力。除了作为信贷主体直接参与信贷活动之外，政府高度重视对民间信贷活动的管理。毛泽东同志说过非常著名的一句话，"没有调查就没有发言权"，而早在2500多年前的春秋时期，齐国宰相管仲就曾对周边的民间信贷利率进行深入调研，从后来诸多封建王朝的实际借贷情况看，中国古代民间利率长期以来维持在"倍称之息"，即100%的年利率。在出现自然灾害和战乱破坏的年代，过高的利率会严重影响生产恢复和社会稳定。《管子》一书深刻分析了高利贷形成的原因和危害，普通农民很容易陷入高利贷的陷阱，甚至一些没落的统治者同样会遭受高利贷的压榨。《史记》中就曾记载了周赧王因为讨债而四处躲避的狼狈情形，贵族尚且如此，平民百姓更何以堪。因此在特殊时期，部分政府会对恶意涨息进行打压，很多国家确定了信贷利率的上限，本质上都是对信贷活动的管控。例如西周时期的农业生产利率根据距离王畿远近为5%—20%不等，同时在特殊时期政府也会发放信贷平抑信贷价格。对于信贷的管控就成为中央政府进行金融治理的另一只"有形之手"。

货币治理和信贷治理成为中国古代金融治理的左右两只"有形之手"。经济学家、历史学家、考古学家从浩如烟海的史籍资料中捕捉到了中国古代政府金融治理的身影，让我们可以一窥金融治理的童年模样。我们在为过去的实践感到惊叹和自豪的同时，其实也应当谦虚理性地看到中国古代金融治理的局限。

从货币治理上看，首先，中国古代金融治理中的货币治理是对实物货币的管理，此时的货币基本上都是足额的，单位货币的价值与熔铸该货币的金属和人工价值的总和基本一致，所以政府对于货币的管控实际上就是按照标准将特定金属铸造成便于计量的统一单位。如此看来，此时的货币治理更像是对度量衡的统一，即让市场上流动的金属统一以某种重量和形状存在，与后来通过控制货币总量来调整市场流动性有着根本的不同。这也能够解释为什么汉初政府允许民间铸币，因为对政府而言，足额货币仅是改变了财富的展现形式，而非一种需要治理的对象。其次，此时的货币总量十分有限，距离普及民间还很遥远，我们在《诗经》中背诵"氓之蚩蚩，抱布贸丝"，用来采购蚕丝的货币是布，而不是揣着响当当的刀币。对于布匹，国家仅是规定了其和货币的比价，人们会根据货币本身的价值来调整布匹的大小和质量，从而维持比价的稳定，并在日常的基本生活中采用布匹进行交易。而此时的金属货币主要用于大宗交易，尤其是军事交易。古代中国北部边疆，常山、阴山附近都有专门用于军事物资交易的军市，《木兰辞》中脍炙人口的"东市买骏马，西市买鞍鞯，南市买辔头，北市买长鞭"中的"市"应该就是军市，政府拿着自己国家铸造的金属货币向其他国家以及少数民族购买军马粮草。金属货币主要是从政府的支出中流向市场的。有学者在对中国古代货币流动范围进行分析之后发现，一个地区出土货币的种类与这个地区附近是否存在军事活动有着密切关系，也论证了军事活动对货币流动的影响。因此在中国古代，货币由政府铸造，并通过政府采购初次流入市场，市场上金属货币的增多并非政府刻意的宏观政策为之。

从信贷治理上看，在很长一段时间内，政府参与的主要信贷形式就是国家低息赈贷。灾馑之年向受灾农户发放借贷，以保证其能顺利开展来年的农业生产。由于小农生产本身的脆弱性，农户还款的能力不稳定，且这种信贷对农户征信要求不高，在很大程度上类似于赈济。而对于所谓的民间信贷市场管理，虽然有明面上的最高利率的限定倡议，但其实很难落实。这也不能怪当时的政府执行力不足，即便到了现在，政府都无法对民间高利贷进行有效及时的监控，遑论2000多年前了。有时甚至政府也不得不以高利息向民间进行借贷。西汉初年，长安已经形成了高利贷放款市场，汉景帝时期爆发吴楚七国之乱，准备从军的列侯封君都开始向高利贷市场借钱，当时著名的长安巨富无盐氏就是因为向平乱的王师放贷，"一岁之中，则无盐氏之息十倍，用此富埒关中"。国家是货币源头的重要发行主体，可以掌握货币的铸造、规制、比价和流动，与此不同，信贷活动的主体和受体大都是民间，高利贷尤其如此，帝国时代的中国政府对于信贷活动的管控一直以来都是缺位的。

（三）盐铁之议——中国历史上第一次中央经济工作会议

会议主要有两种类型，一种是用来斗争的，另一种是用来展示斗争结果的。用来展示斗争结果的会议，通常内容比较简单，通过讲话和文件的形式将已经形成共识的事情落实成执行的要求。而用来斗争的会议则不然，会前各方力量需要做足充分的准备，通过各种形式尽可能争取能够支持自己的人，并以会议的形式将斗争的结果转化为朝野的共识，最终实现对当前力量格局的调整。在古今中外的历史中，很多云谲波诡的权力调整、政权交替甚至王朝兴衰，其实都与会议有关，例如距离我们很近的党的十一届三中全会，掀开了改革开放的序幕，但更重要的是经历会前会中的多方准备，通过引领关于真理问题的讨论、对党内历史问题的讨论和定性等方式，在全会上形成了以邓小平同志为核心的领导集体，打造了党内新的组织路线，其影响一直延续到今天。

这个时候我们将目光带回到 2000 多年前的西汉王朝。公

第二章 从桑弘羊到王安石：国家金融干预的酝酿与确立

元前 81 年的长安城，权倾朝野的霍光以昭帝名义，令丞相田千秋、御史大夫桑弘羊，召集贤良文学 60 余人，就武帝时期的各项政策，特别是盐铁专卖政策，进行全面总结和辩论。其中涉及金融治理的内容之多之广之深，堪称前朝之最。会议的缘由要向前追溯数十年。

秦灭之后，西汉前期在社会经济领域以黄老之学治国，秦时对铸币主体、货币流通、形制规格的严苛要求几乎完全被废止，甚至允许民间进行铸币，而对货币的唯一要求就是规定货币的重量。文帝时期吴王刘濞家有铜山，自己就在属邑大量铸造货币，使得"吴邓钱布天下"，甚至与皇帝叫板"我已为东帝"。而货币的形制则有秦朝半两、高祖刘邦的"榆荚钱"、吕后的"八铢"、文帝的"四铢"不等。由于是私铸，且货币形制没有统一规定，因此很快就出现了货币薄小，物贵钱贱的通货膨胀。当时名士贾谊提出民间铸币的三个问题，第一是诱发民众制造不符合标准的钱币，第二是铸钱的标准不统一，第三是不利于劝课农桑。汉武帝继位后，汉王朝大量的边事活动提高了政府的开支，桑弘羊为首的官僚群体进一步提出了提升国家对经济活动影响的一系列政策，其中最著名的是盐铁官营，政府也同样在这时将铸币权收归中央，并推行了全国统一的五铢钱。

长期扩张带来的问题在汉武帝统治后期充分暴露，国库空虚，经济凋敝，人口锐减。继位的汉昭帝年龄尚小，国事委以四位顾命大臣：霍光、上官桀、金日䃅和桑弘羊。此时，针对国家未来走势有两种不同观点，以霍光为代表的贤良文学集团认为应当还利于民，取消盐铁官营和严苛的货币管控，而桑弘羊则坚持继续推行盐铁官营的国家主义经济政策。这种经济理念较量的背后同样蕴含着朝中权力的争夺，占上风的经济理念意味着拥有更高的治理权力。盐铁会议就是在这样的背景下召开的，会议围绕汉武帝时期的外交政策、经济政策、治国理念和义利之辨进行了激烈的交锋，霍光等贤良文学集团激烈地批评了均输平准带来的资源配置效率低下和物价增长，对于政府与民争利带来的流弊进行了深刻阐释，会议最终罢去了郡国酒榷和关内铁官，其他各项政策仍维持不变，桑弘羊也因此在政治上受到了打压。公元前80年9月，桑弘羊被卷入燕王刘旦和上官桀父子的谋反事件，牵连被杀。

这次盐铁会议是中国历史上第一次关于国家是否干预经济活动的大讨论，其中涉及的铸币权、物价管理等内容与金融活动息息相关。这次会议上展现出的对于政府干预经济活动的直接观点交锋，对后来的经济治理有着深刻的影响，整个封建王朝时期，凡是针对经济政策的争辩，国家在其中扮演的地位几乎成了逃不开的重要议题。

盐铁会议之后，政府对金融干预程度逐渐下降，民间和诸侯铸币又再次出现，到西汉末年，金融放任带来的问题频发，而此时新篡位的皇帝王莽则对金融进行了一次大刀阔斧的改革，将国家金融的管控推到了中古时期的第一次高潮。

（四）王莽维新：金融干预维度的第一次扩张

唐代白居易有《放言五首》，其中第三首是这样写的：

> 赠君一法决狐疑，不用钻龟与祝蓍。
> 试玉要烧三日满，辨材须待七年期。
> 周公恐惧流言日，王莽谦恭未篡时。
> 向使当初身便死，一生真伪复谁知？

其中"王莽谦恭未篡时"对王莽的评价可谓精辟。王莽在汉室为大臣时，谦恭谨让，对自己和家人的要求近乎严苛，史书记载他要求自己和家人吃穿用度极其朴素，对于家人言行德化有着执拗的要求。当得知儿子因为与仆女私通时，立即用家法逼死儿子，朝野骇闻。就是这样的一个大臣，最终毒杀汉帝[1]，立新代汉。

---

[1] 对于汉哀帝的死因至今存疑，有部分证据暗指哀帝年少驾崩与王莽关系密切。

新朝成立仅仅两年多就崩灭，成为历史上非常短命的王朝，但就是这个昙花一现的新朝，引发了后世无数的争论，尤其是王莽在位时对儒家思想的笃定和近乎原教旨主义的践行，让后代帝王和儒士感慨万千，也正是王莽的一系列大胆改革，促成了中国古代金融干预维度的第一次扩张。

王莽登基之后做了几个重大的金融制度改革，第一，将西汉末年松散的铸币权牢牢控制于中央。前代铸币权的控制主要是从形制、铸造主体提出要求，但在当时，官方铸币模具很难十分精细，货币造假的成本非常低，民间用劣质金属私铸货币时有发生，而王莽要求商业活动中涉及的所有货币金属都需要登记并由政府采购，国家掌握所有货币金属来源。在帝国时代，只有这种方法才能从源头上断绝盗铸货币的可能，铸币权真正意义上得到了回归。第二，遵循古书《周礼》的描述建立了一套十分复杂的货币系统。复杂到什么程度呢？我们以第五套新版人民币为例，纸币硬币共有 8 种面额，10 个品类，而 2000 年前的王莽时代，其推行的币值则有 21 种面额，28 个品类，形制极其繁多，兑换极其复杂。第三，继承并拓展了汉武帝时期的均输平准政策，设置专门的官员调控商品价格。

王莽和他的新朝实在短命，历史没有留给他过多的时间好好地将这些制度稳定地推行下去，但他的改革措施却被青史铭记。后世读到这些举措时，常常感叹王莽的政策如同天外飞仙的降临，治理理念远超同期社会发展。就金融干预角度而言，无论王莽是否将政策真正彻底落实，从治理政策本身看，他吸收了前代以来金融干预的主要举措，并进行了重要的调整和优化，尤其对货币的管理，充分总结了周朝、秦朝、西汉的历代经验，实现了货币金属、铸造主体、货币形制、对应比价的全流程管控，这是中国金融治理历史上从来没有抵达过的边疆。至此，以对铸币流程的彻底控制为标志，中国实现了金融干预维度的第一次扩张，几千年货币史的第一个分号，落在了这个只有两年历史的王朝。

那么后来，王莽呢？

自王莽登基以来，各地叛乱不断。地皇四年（公元23年）九月，绿林军攻入长安，王莽被商人杜吴杀死，新朝灭亡。王莽的头颅，被后来历代皇室所收藏，直到公元295年晋惠帝时，洛阳武库遭大火，遂被焚毁。历代王朝的开疆往往会有无比英武的开场，而为帝国烫下句点的，却都是凄婉的灵魂。

很遗憾，自己勾勒的未来，终未能亲看一眼。

二、崩溃和重塑：中古以来国家金融干预的解构与重组

（一）"布帛 + 货币"双支柱货币体系的形成与演化

不知道读者是否深究过这样一个问题，古时候皇帝在恩赏时，除了官爵、金银珠宝之外，为什么还会出现布匹和丝绸？同样是日常生活用品，为什么不赏赐一些别的东西？布匹和丝绸有什么特别吗？

能够提出这样的疑问，是因为我们长期生活在货币时代，货币作为一般等价物的观念早已深入骨髓。事实上，中国真正开始踏入货币时代也只是民国的事情。新中国成立之后，我们才有了唯一的官方衡量财富的价值尺度。在此之前，中国经历了漫长的货币体系转型，实物与货币共同作为一般等价物的时期非常长。在宋朝之前，布帛一直是中国社会重要的货币补充。

从考古情况看，布帛作为一般等价物的时间要远远早于金属，金属货币的大规模出现已经到了周王朝，而在此之前记录的诸多交易活动大多是通过粮食、布匹实现的。秦朝《金布律》明确规定，货币分为钱币和布帛两种，《汉书·食货志》记录了一匹布的形制是宽二尺二寸，长四丈。汉武帝在北方巡视时，"所过赏赐，用帛百余万匹，钱金以巨万计"，汉朝

大臣贡禹曾上书提议将官员的俸禄以布匹的形式发放，说明布匹在汉时是具有一般等价物身份的。

布帛的确是非常好的货币，原因有四点。第一，布帛本身都是足额的，布的大小直接对应着其购买力，不会出现因滥标布匹尺寸，使布匹与其实际购买力不相匹配，导致货币市场进场出现的"劣币驱除良币"现象。第二，布帛的质量更容易甄别。判断薄薄一层纺织物质量的难度远远低于判断一枚合金货币内部不同金属比重的难度，因此很难出现"假布帛"。第三，布帛在人类社会是常用商品，其社会需求一直存在，流动性良好。第四，布帛容易精准分割，测量好尺寸之后容易进行标准化裁剪，而裁剪无论是从损耗还是从成本来看都很低。

不过，就是这样良好的一般等价物，也有一个很重要的缺点，就是随着手工业从业人员的增多和纺织技术的发展，布帛价值会不断降低，其作为一般等价物将越来越不方便大宗交易。因此，理论上来说，布帛一般等价物地位消失是必然的。令人惊讶的是，其退出主流货币的时间竟然极其漫长，金属货币不仅没有取代布帛，反而逐渐形成了"布帛＋货币"的双支柱货币体系，这一体系的形成是主观客观原因交错，并且循序渐进实现的。

东汉立国之后，基本上采用了西汉中后期的货币政策，国家掌握铸币权，社会流通的是足额五铢钱，布帛作为补充货币同样在市场上流通。但是东汉末年战乱之后情况却出现了变化，董卓掳掠洛阳后迁都到长安，将秦始皇时期收集天下兵器铸成的铜人熔化，用以大量铸造不足额的五铢钱，钱币轻薄，甚至可以浮在水面上。根据铜人的质量测算，此次熔铸的小钱大约8亿枚，长安地区迅速出现了恶性通胀，谷价达到每石几万钱，货币经济框架迅速坍塌，人们纷纷诉诸实物布帛和谷物作为货币。

在文学作品中，对董卓的负面描写主要集中在焚毁洛阳、掳掠汉帝、淫乱后宫、霸占貂蝉。但是文学作品却忽略了董卓对后世影响最大的举措，就是滥铸小钱。正是他创造了人类历史上在金属货币时代极其罕见的超级通货膨胀，让多年形成的中央王朝货币体系瞬间崩坏，货币在中华文明发展史上出现了"闪退"，即使后来局部超级通胀影响消退，这种恐怖的历史记忆却让社会用很久的时间弥平。曹操在社会经济稳定之后试图重铸五铢钱，但是百姓用谷物和布帛交易已经成为习惯，五铢钱难以推行。直到魏明帝曹叡时期，才复行五铢钱，并且整个曹魏期间再也没有施行任何货币贬值的政策，但布帛和谷物的交易依然是社会经济的主流。

恶性通胀是短暂的，但其后遗症是深远的。可能很多人还不了解，当前的西欧诸多发达国家中，货币政策最保守，

第二章　从桑弘羊到王安石：国家金融干预的酝酿与确立

对通货膨胀容忍度最低的国家是哪个？是德国。20世纪30年代的魏玛共和国经历了超级通货膨胀，数百万家庭的财富瞬间灰飞烟灭，给人们留下了深刻的历史记忆。如今近百年过去了，这种记忆依旧刻在德意志人民的脑海中，甚至深刻影响他们当下的货币政策。即使如今，德国依然是西欧诸国中通胀率、杠杆率最低的经济体之一。可见，失败的政策给社会带来的痛苦记忆可能远远比它本身给社会经济带来的影响要持久得多。

我们再回到三国时期中国的南方。考证认为中国古代大型铜矿的储量不足。东吴一直以来使用的货币依旧是前朝五铢钱，没有新铸造货币，因此布帛和谷物交易始终在东吴社会经济发展中占据重要地位。此时的蜀汉虽然有铸币的需要，但是苦于没有足够的铜，因此无法离开布帛和谷物。据传刘备曾经将床头挂帷帐的铜钩取下来用于熔铸钱币，铜的匮乏可见一斑。西晋经历短暂的统一之后，北方就开始了轮番的改朝换代，一直没有开展长期的、稳定的货币铸造，开始有过几次五铢钱的铸造尝试，但最终都因为不足额不被社会所接受而告终。此时的南方虽然稳定，但是在当时的勘探和开采条件之下，缺乏可用的铜矿，南朝统治阶层针对是否应当使用珍贵的铜作为货币产生了多次讨论，整体观点认为应当将铜用于制造铜器，而非浪费在没有实际作用的钱币上，"毁必资之器,而为无用之钱",南朝始终没有就大规模铸造货币达成共识。

以东汉末年董卓大铸小钱为转折点,中国经济的货币化进程被打断,以谷物和布帛作为交易媒介的实物交易形式开始抬头。此后,国内铜矿分布特点以及南北政治局势的分野造成了中国相当长一段时期没有大规模铸币,从公元190年董卓掠帝西迁长安到公元618年李渊在长安称帝,中国在400余年的历史时期内,货币治理不仅没有发展,反而因为铸币短缺形成了"布帛+货币"双支柱的货币治理形态。到了南北朝后期的梁陈时代,货币紧缺已经造成广泛的通货紧缩,货币价格高涨,商品价格低迷,社会流动性受到严重挑战。

这种"布帛+货币"模式带来的通货紧缩对于即将登场的唐王朝影响极大。随着唐朝经济的不断发展,对于货币的客观需求量激增,历史遗留的货币短缺问题以及经济发展带来的新的需求让年轻的唐帝国承受着货币不足的煎熬。

(二)通货紧缩中游走的唐帝国

随着社会经济的发展,金融活动的重要性逐渐增加,政府与金融活动之间的互动也更加频繁,对于金融活动的管理难度也更大。在很长一段时间,中国政府面临的金融问题是局部的、案例性的,并且通常是附属于其他社会事项之上的。

到了南北朝时期，中国南方开始出现了长时间的通货紧缩，虽然统治者能够意识到通货紧缩是一个货币问题，但是他们绞尽脑汁却没能够解决。从齐梁开始，通货紧缩的问题穿越了整个隋唐，成为政府金融干预的顽疾。

在"布帛+货币"的体系之下，唐朝通货紧缩有两个重要表现，第一是"钱贵物贱"，即以布帛、谷物为代表的商品价格下降。第二是盗铸横行，因为货币本身的价值不断提升，因此私铸货币变得更加有利可图。唐建国之初，市场盗铸横行，一千钱最初重两斤，后来还不到一斤，铁皮剪下来都当作货币使用。唐高祖李渊入主长安时，老百姓用的钱被称为"线环钱"，顾名思义，钱边细窄如线，严重不足额。唐玄宗时期在诏书中明确指出"天下泉货益少，币粟颇轻"，并且开始在社会层面禁铜，以用于增铸货币。但奇怪的是，无论如何增加铸币，物价较低、流动性不足的问题始终无法得到解决。分析原因之前，我们不妨先看看唐朝政府采取了哪些缓解通货紧缩的措施。

第一，彻底取消了纪重货币，改铸开元通宝；第二，国内严控民间用铜量，政府大量收购铜；第三，新开铸币监炉进行铸币；第四，铸造大面值的货币，用以增加市场上的货币数量；第五，严格打击盗铸货币的情况，让不符合要求的货币退出流通市场；第六，下放铸币权和放币权。

如果以现在的角度看,唐对于通货紧缩的治理思路是对的,在保证货币市场稳定的基础上,扩大货币供应量,规范交易秩序。但是在实际的操作中却遇到了一些现实问题。

第一,收购铜的目的是增加铸币可用的原材料,但是由于政府的大量采购,民间铜价迅速提升,出现了货币含铜价值和铜器价值倒挂,导致民间熔毁货币铸造铜器赚取差价,进一步加剧了货币紧缺。第二,唐朝前期对于铸币有着严格的管理,基本上是分地铸造、集中发放。因此,所有在各地铸造的货币需要统一运送至长安,运输费用非常高。很多地方每一千钱的铸造成本加上运输成本达九百钱,部分地方的成本已经达到了两千钱,因此官钱的铸造在朝中总是倍受争议,铸币扩张面临严重的成本制约。第三,政府为了增加市场上的货币量,新铸造了"乾元二式钱",法定兑换开元通宝十文及五十文。但是实际价值远不及此,发行之后立即带来了通货膨胀,政府为了平复经济混乱,不得已宣布其与开元通宝购买力相同,但是乾元二式钱价值却高于开元通宝,因此导致大量的乾元二式钱被贮藏熔毁,进一步加剧了货币短缺。第四,为了规范货币,政府针对流动中的各类货币设定了准入标准,大量货币不符合准入要求退出了流通,同时大量劣币铸成官方货币后数量减少,市场上可供流通的货币大量减少。第五,唐中期后,藩镇力量日益强大,大量地方节度使将货币作为重要的贮藏军费的工具囤积，甚至为了赚取差价而将货币大量集中熔铸成为铜器进行销售，市场上流通的货币数量总是不足。

相比于之前的其他王朝而言，唐帝国可以说是真正从货币总量和货币流通层面进行了金融治理。统治者认真分析了货币对于金融活动的影响，发现了金融活动中出现的问题，并且通过深入研究总结了诸多理论，很多理论如今看来是符合经济学基本规律的，同时其采取的具体政策在方向和思路上没有问题。可以说唐朝统治者对于通货紧缩的治理是政府采取的一系列完整的金融干预政策。当打开政策制定的细节，看到皇帝和朝臣廷议时的争论，我们能够看到政府对于金融管理的认识已经进入了历史未曾达到的深度。即使如此，我们在赞美唐帝国在政治经济上取得的骄人成就时，也应承认在面对金融治理时，唐朝的统治者还是显得有些狼狈和手忙脚乱。

（三）金融干预的新内容

整个有唐一朝的社会经济发展达到了帝国时代的新巅峰，与之对应的是金融活动的日益频繁。也正是在这一时期，统治者渐渐发现不断拓展的金融活动已经足以对社会稳定产生重要的影响，"无形之手"也开始伸向各种新的金融业态。

第一是在中国首次出现了非纪重货币。西汉五铢钱名称的由来就是钱的重量,在此之前流行的秦半两钱币也是如此。纪重货币的好处在于所见即所得,货币的价值与其本身的重量有关,当货币的重量减少时,货币的购买力会直接下降。而唐高祖李渊时期推行的货币"开元通宝"则不再以重量命名,这种看似不起眼的变化其实有着很深远的经济学意义,此时货币的购买力开始脱离货币本身作为金属的价值,国家信用逐渐成为货币购买力的支撑。当一枚开元通宝出现磨损之后,对于其购买力的影响要小于纪重货币。这种变化使得货币开始向法币的特征转化,国家可以通过规定货币的面值或者兑换比例直接影响市场流动性和国家购买力,这也意味着国家开始具备采取货币政策调控市场的基础。不过,一旦货币价值脱离了货币本身作为金属商品的价值,则会带来另一个问题,即假币的收益会提高。在唐朝中期,江淮地区形成了大规模的假币制造中心,在市场流动性缺失、防伪技术不够的时期,假币很难杜绝。

第二是加强了对信贷的管控。在之前的王朝中,政府对于民间高利贷的管控总是局限于口号式的政策,很难深入真正的民间金融市场。在唐朝,政府不仅通过相关规定和要求确立信贷利率的上限,同时还配套了官营的放贷机构对信贷市场的价格进行平抑,按照规定,利息子钱不能超过本金。

武则天时期，政府又下令利息不得计入本金，复利的计息模式被官方禁止。唐玄宗下诏不允许贵族和官员向民间发放贷款，严禁各州县的官员在辖区内部进行放贷，对于信贷的对象国家也有一定要求。当时大量的新科选官初入京城，因为手中无钱而接受信贷方的高利息资助，导致官员上任后极容易通过贪腐还债。对此，政府专门开辟了针对新选官员的信贷通道，保证官员能够低成本得到资助。唐中期也出现了用于短期存放保管的金融服务，但是明令要求不能提供给用于行贿的人存储货币。唐僖宗时曾经出现过案例，有的钱柜为来京城跑官行贿的官员提供了保管箱业务，被政府发现后进行了严厉惩处。这些对金融业务管理的颗粒度是前朝从来没有出现过的。

第三是金融"双轨制"出现。对于经历过中国20世纪80年代以来社会经济改革的人而言，双轨制并不陌生，指的是同一个治理对象，有两套不同的治理方案。在当代中国，我们所谓的双轨制更多的是在政府管控之下的原有治理方案之外新增市场化的管理方案，是由政府治理向市场化调控转型的过程。而在唐朝，双轨制的出现却恰恰相反，是政府对于市场的追赶，当市场出现了新的金融活动，政府作为参与主体进入其中，不仅监管，同样也经营。有两例典型代表，第一是机构信贷业务。早在南北朝时期，寺庙就开始发放小额信用借款施与穷人，到了唐朝初期，寺庙已经成为民间重要的发放信贷的机构，其业务从信用贷款拓展到抵押贷款。从实际利率上看，唐中期的月利率能够达到10%—15%，年化利率几乎翻倍，政府要求其利息总额不得超过本金，但即便如此也是名副其实的高利贷。政府发现了放贷业务的高利润，也开始试图从事放款业务，除民间信贷活动之外，隋唐时期官方信贷业务也进一步扩张。隋朝开始，由政府出资开办公廨本钱，专门用于发放贷款。唐朝开始，公钱廨遍布各州，且政府对于公钱廨的利率控制在月息7%—10%，同时允许利息超过本金的2倍。这种对于机构放款的双轨制管理使得寺庙经济难以与国家机构抗衡，因此在唐中期以后，寺庙作为金融机构的属性也渐渐消失了。第二是汇兑业务。唐中后期，市场原本的通货紧缩在两税法的影响之下更加严重，各地为了保证辖区内的货币数量，纷纷出台政策严禁携带货币离开本境。此时跨区域携钱的人会将钱私下交给各地在京的进奏院或者富商。所谓进奏院，类似如今各地的驻京办，用于方便地方官员来京上奏。商人将钱交给进奏院后得到一个凭证，返乡后凭借凭证取钱，这就是所谓的"飞钱"。如此一来，国内汇兑掌握在了富商和地方政府手中。中央政府对这种情况自然不满意，于是由中央机构的户部、度支、盐铁三司牵头，以地方政府财政赋税为支撑的全国性汇兑业务开展起来，至此形成了国内汇兑的双轨制。与机构信贷业务不同，国家主办的汇兑业务要收取高额费用，同时由于唐中后期与周边藩镇的军事冲突带来大量开支，部分地区难以承兑飞钱，信誉风险提升，因此整个唐王朝的国家汇兑始终没能取代民间的汇兑业务。

（四）拓面，再拓面：金融干预维度的第二次扩张

政府的金融干预力度并非线性增长，在诸多必然和偶然的因素之下经常出现反复。从先秦到西汉，王朝政府对于货币铸造重要性的认识逐渐提升，铸币权牢牢地掌握在政府手中，政府也实现了金融干预维度的第一次扩张。东汉时期，国家对于铸币权的管控再也没有抵达王莽时期的程度，铸币的数量也始终没有大幅扩张。进入南北朝，因为政治经济的客观原因，全国400余年没有进行过大规模的铸币，大范围的通货紧缩对于隋唐中国产生了深远的影响。所以，以铸币权国有化为代表的第一次金融干预扩张是国家金融治理的孤例，在金融活动发展尚未达到一定水平时，铸币管理的重要性在实践中并没有被完全挖掘，货币与实物共同流通的情形本质上是货币数量和质量管控不足的表现。

到了唐朝，情况发生了很大变化。唐初的统治者就已经充分认识到普遍较低的物价是由货币不足导致的。政府此时

开始增加铸币，其目的已经不单单是稳定货币交易秩序，而是为了增加市场流动性、从更加宏观的视角对经济运行进行调控。开元通宝的发行也让货币脱离了重量牵绊，向政府主导的货币政策前进了一大步。政府对于传统信贷业务的借贷双方和借贷规则也开始进行了明确的监管。同时，政府也开始以经营者的身份参与金融活动，不仅能够在市场上谋利创收，同样能够作为官方代表影响市场表现，让人忍不住联想到如今国有企业的部分职能。

这个阶段，政府的金融干预呈现出百花齐放的局面，对于传统金融活动，政府在宏观和微观的维度都出现了拓展，而对于新出现的金融活动，政府则通过双轨制等形式积极参与其中。如果说政府第一次金融干预拓展时，对铸币权的掌控还是星星之火，那么到唐王朝时期，"有形之手"已经深入了金融活动的诸多领域。这个时期生活的居民在参与金融活动的过程中能够很明显地感受到政府的身影。这种以货币和信贷管理增维为中心，以多个新型金融业务领域的监管和参与为代表的干预特征，共同构成了政府金融干预的第二次扩张。

三、宏观调控的最后准备：货币帝国的出现

如今，货币政策和财政政策是政府进行宏观调控的两个

重要手段。虽然我们一直在探讨政府对金融的干预，但是这种干预与真正意义上的宏观政策调控还有很远的距离。究其原因，是因为之前的中央王朝始终没有对货币本身进行有效管理，应对货币带来的种种问题已经手忙脚乱，遑论利用货币来进行宏观调控了。但是赵宋时期，中央王朝的金融经验有了一定的积累沉淀、交子极其偶然的横空出世、对基层治理十分熟稔的王安石当朝主政、再加上社会经济的飞速发展使得货币框架加速调整，这一切变量的华丽汇聚最终促使中华帝国的金融面貌彻底发生了改变。

（一）铸币诅咒：帝国时代货币总量之谜

我们在前文中已经聊到了南朝到整个唐朝以来，国家在金融层面始终伴随着货币不足的情况。到了宋朝，欧阳修将这种物价低迷的情况概括为"钱荒"，说的就是市场上流动性不足的问题。既然统治者已经很清楚地知道了货币不足，为什么这种状态会一直持续几个世纪，像幽灵一样始终弥漫在中华帝国的头顶呢？抑或是中国古代的社会经济逻辑之下，这种货币总量不足的问题深深镌刻于更加深刻的规律之中，这是否又是王朝治理无法回避的软肋呢？这个时候我们需要将历史缩放，来仔细看看所有繁芜细节背后的脉络。

钱荒的发生被统治者归结为货币总量不足，因此商品和货币的比价发生变化，货币更加值钱，而以货币衡量的商品就相对更加便宜。在铸币时代的政府缺乏大规模信贷等货币创造方式，能够增加市场货币总量的做法通常是两种，我们分别进行分析。

第一，铸造更多的足值货币，将铜矿的形态由不规则变成统一的钱币。这样一来，钱币本来就存在自身的价格，即对应的以铜为主的金属合金的价格代表了其购买力。但读者也许就会发现问题，钱币的购买力是由合金价格决定，但是铸造钱币的成本却是合金价格加上铸造的人力用工成本和运输成本等，生产运输一枚面值为一文的足值钱币需要的成本要高出一文。一直以来，政府解决这个问题的方法是禁铜，政府垄断铜矿的供给使得铜市场出现了割裂，在铸币市场中，政府通过垄断供给得到了低成本的铜原料，将其铸成货币。而在普通商品市场上，铜作为日常生活中重要的原材料，由于政府的管制使其供给受限，市场交易的价格很高。市场上流通的铜币虽然铸造的成本下降了，但是流通过程中却有着更高的价值，这样使得政府也能够承担起铸币的成本，同时也避免制造不足额的货币带来的盗铸风险。在实际操作过程中，政府垄断铜原料之后货币的铸造成本下降，但是市场上铜材料的价值很高，一文钱货币熔铸成铜之后，铜的价格在市场上倒卖的价格远高于一文。因此大量的官方足值货币被贮藏、走私或者熔毁倒卖。而越是这样，政府越是认为铜禁不足，从而越采取严苛的铜禁政策，进一步导致铜价上升，熔毁货币屡禁不止，货币难以维持在流通环节，最终造成钱荒。

第二，增加不足值的大额货币。纪重货币时代结束之后，不足值大额货币的确曾经出现过。但是在铸币时代，政府规定的比价很容易接受市场的刚性检验，规定 1 枚大币兑换 10 枚小币，则市场将严格审视大币的金属价值是否是小币的 10 倍。当出现不足值大币时，民间盗铸就十分猖獗，用更小的成本盗铸大币，从中间赚取差价，在政府调整比价之前，民间盗铸将毫无节制地大肆发放货币，在很短时间内造成通货膨胀。从实际情况看，民间盗铸的货币质量并不一定比官方的差，即使采用和官方一样的合金配方，依然有利可图，而在缺乏有效的铸币防伪系统时代，假币的流通性和认可度很高，政府难以控制其流通，进而导致通货膨胀。有意思的是，通货膨胀和通货紧缩的社会影响深度是截然不同的，人们对于通货膨胀的反馈会更加剧烈和明显，任何想要长久统治的统治者通常会采取各种手段刹停货币供给的车，但是这种刹停的尺度缺乏精确的监测，常用的方式是让大额货币的购买力根据实际价值确定与小额货币的比价，而这种剧烈的偃旗息鼓则会让货币进入足值货币体系中的熔铸循环。

所以，无论采取何种方式，通货紧缩似乎都是最终的结果。问题究竟出在哪里呢？站在今天回眸，我们可以发现是金融治理理念的落后和科学技术的不成熟使得国家对于货币的干预总是事与愿违。即使到了宋朝，统治者仍然采用战国时期《管子》的"轻重论"讨论市场价格问题，通过禁铜等国家垄断手法强硬压降货币价格，导致了市场调节的失灵。与此同时，铸币时代的防伪技术受到很大的制约，而合金货币本身的验伪难度和成本又较高，因此无法从实际上断绝盗铸的出现，更无法控制盗铸货币的流通，国家信用货币时代始终无法到来，不仅让通货紧缩长久存在，实际上也让货币政策失去了根基。

（二）假币破局者："交子"

交子是中国有记载的最早出现的纸币。我们尚未发现过交子的原物，但是从关于交子的影像拓片上可以看到中国最早的纸币形态。交子作为一种流通的纸币，最开始出现在北宋，由北宋部分商户发行的类似"代金券"，进一步演化为16家富户联合发行。从形式上看，交子很像银行印制发行的钞票，而这种多家商户联合汇兑的形式总是让人联想起美联储最初的组织形式。

交子最开始出现在四川地区，这与四川地区主要以铁币流通有关。北宋时，四川地区的货币市场主要由铁币统治，相比铜币而言，铁币的价值量低，一旦遇到大额交易，铁币媒介数量巨大又笨重，因此当地最先出现交子替代大额交易也就不足为奇。后来，北宋政府开始官方发行交子，并且给交子的发行预留了专门的准备金，从统计上看，交子的发行准备应当在28%左右。交子的发行使得社会流动性突然增加，更重要的是，印制交子所需要的成本要远远低于铸造铜币，因此迅速成为政府增加流动性的重要手段。但是存在一个问题：遇到假币怎么办？

提出这个问题是有道理的。盗铸铜币的工艺虽然复杂，成本虽然高，依然有利可图，自然有人愿意铤而走险盗铸，而假的交子仅仅需要一张纸，所代表的货币则数额巨大，难道不会面临更大的假币问题吗？

但我们忽略了一个重要的问题，盗铸和盗印相比，其实盗印更难。见过古代货币的读者应该了解，铸造的货币表面纹理并不复杂，且铸造本身工艺的精细化程度难以掌控，因此只要模具类似，做出以假乱真的盗币难度并不大。然而交子是一张纸，且在已经十分成熟的雕版印刷术之下，纸面的纹理十分复杂多变，能够进行真假鉴别之处更多，并且不同的商家会在交子上标注隐秘的记号，以此区分最后的承兑责任，这天然造成了交子的造假门槛要比铸币更高。这种纸质契约防伪技术更发达的情况并不仅仅出现在交子身上。到了明清时期，晋商的大型票号中采用的汇兑契约也是一张纸，但是其在纸面的设计和雕版文字上的防伪设置让伪造品很难进入市场流通。这样一来，一旦市场上出现了伪造的交子，则会由于无法兑现而快速退出流通，困扰统治者多年关于伪币的问题得到了解决，货币发行的闸门迅速放开了。起初，北宋给每年交子发放确定的额度约为120万贯，每两年为一"界"，界满之后发行新的交子。到了哲宗时，每年已经达到180万贯。正值北宋与西夏在北方作战，为筹集军费，政府又大量增发交子，到了徽宗时期，市场上流动的交子已有2600万贯。这个数字是什么概念呢？北宋每年新铸造的货币大约100万贯，而交子的数量已经大于铸造的货币。这样大规模的造币运动终于摆脱了盗铸的困扰，极大地丰富市场的流动性。交子的流动虽然也曾在局部和很短的时间段内带来通货膨胀，但是在政府的及时调整下，交子的币值在很长一段时间内都保持了相对稳定。

　　回过头看，促进交易的便利是交子出现的原因，但是将视野拉长，交子的出现实际上拓展了货币总量的规模，正是因为交子，困扰历代统治者的货币不足问题终于寻找到了解决的良方，货币摆脱了金属桎梏于其上的紧箍咒，大踏步地向法币方向迈进。

（三）无人再懂王安石：金融下沉的完成

前段时间看到一个视频剪辑，说的是各种各样古装剧的穿帮场景，很多内容看上去真的让人忍俊不禁。有一些穿帮镜头非常明显，比如古代场景下出现了现代的器物，或者对话中包含了当前的流行词汇。但是有一些穿帮镜头似乎并不是很好识别，诸如明朝的锦衣卫的绣春刀究竟是什么样的？魏晋时期的士大夫们究竟是什么样的发型？唐朝百姓互相作揖用的是什么手势？随着观众们历史文化水平不断提升，电视剧的编导们肩头增加了不小的压力。

其实，有一种穿帮场景，只要电视剧或者电影讲述的是宋代以前的故事，那么几乎无一例外都会在这一点上出现穿帮，这就是货币交易。

请读者们想想看，你在看古装剧的时候，是不是经常能够遇到街头掏出铜钱买东西的场景？刨除其他的细节不论，只要这件事情发生在宋朝之前，那都是要画上大大的问号的。

其实在北宋之前，中原王朝的货币量远远没有达到可供日常生活交易的程度。在绝大多数情况下，金属货币主要的作用有两个，一方面在民间通常为贮藏财富，用于储蓄和缴税；另一方面则是用于政府购买，这种政府购买在很长时期内都是以军事采购为主。至于民间的交易，仍然是以物易物占据主导。"氓之蚩蚩，抱布贸丝"的场景在很长一段时间内一直是民间经济的真实写照。在唐朝的开元通宝之前，中原王朝最大规模的货币铸造发生在汉武帝时期，随后的历朝历代虽然都有货币的铸造，但是规模和流动性上难以与五铢钱对比，五铢钱在国内市场上流通了700多年，这一时期货币总额并没有显著的提升，以布帛为主要交易媒介的社会经济面貌一直持续。所以，如今我们习以为常的货币交易，其实在宋朝之前并不常见。

彻底改变这一切的是王安石。历史上对王安石褒贬不一，在近代之前，主流史官对于王安石的评价整体不高，以王安石和宋神宗领衔的一系列变法在很长一段时间被人们认为是造成北宋后期衰亡的原因。

其实，王安石变法对于大部分人而言是一个"熟悉的陌生人"，熟悉是因为总能听到相关的讨论，总能了解其中的主要举措，陌生是不了解为什么中国自古以来那么多次变法，凭什么王安石变法就能够吸引这么多的眼球呢？我们来看一看王安石变法的主要举措。

第一是青苗法，政府每年分两次给农民发放贷款，待粮食成熟之后归还；第二是募役法，百姓可以通过支付一定额度的货币替代自己的徭役任务；第三是市易法，主要优化政府采购管理。如果我们仅仅看举措的话，很难将其与前朝诸多举措区别开，并不会觉得这样的政策有什么大不了。但王安石变法有一个核心特点，就是这一切的交易支付都必须使用官方货币，这在以前是从来没有过的。这样做使得货币的应用场景迅速扩展到了全国各地，尤其是农村，社会经济开始迅速变得货币化。

货币化带来什么影响呢？首先，宋王朝开始大量地铸造货币，之前被封印的货币需求迅速释放，社会中流动的货币总量不断提升。其次，王朝对于基层的管控开始提升。在很长的时间段中，王朝的基层治理十分粗糙，县级单位的国家治理力量有限，地方豪强实际把握了基层的政治经济话语权，王朝的很多政策在最后一公里的落实中总面临着和豪强的讨价还价。比如政府划拨的赈灾钱粮，理论上而言政府应当直接与灾民对接让其领取，但是古代社会无论是通知通告还是物资的转运派发都要耗费极大的人力物力和财力，而在当时的财政力量和治理能力之下，县级已经是王朝统治的神经末梢了，财政供养的人数仅是个位数，这种大规模的物资调配已经超出了基层治理的能力范围。因此在县级层面通常是县吏将政府物资在豪强宗族之间进行分配，然后由这些本土精英承担进一步分拨到户的工作。在实践过程中，本土精英其实很难做到完全公平公正，基层官员心中很清楚，但是却很难公允地指出问题，毕竟在日常治理的过程中对于本土精英的依赖是很高的，所以官僚集团是没有真正深入治理的末梢的。

而货币从铸造到集散的流程牢牢掌握在官僚体系手中，民众直接和官僚机构对接。从宋神宗时期开始的青苗法，要求的是百姓以户为单位依次到政府机构领取青苗钱。相对于实物物资，货币要更加便于运输和分割，而且同期不断发展的飞钱和纸币更让货币的转拨成本下降，就这样，政府通过货币实现了对基层活动的直接触达，百姓每年要从政府手中领取两次钱，同时也要向政府还本还息。

这一时期同时允许老百姓通过货币补偿来让自己免于徭役义务，千万不要小看这项政策，徭役在当时社会覆盖面十分广泛，其普遍程度与美国、韩国等国家成年男子的兵役一样。有钱的人通过货币换取徭役的豁免，而国家通过这笔费用在市场上雇用劳动力，使得货币在劳动者中形成广泛循环。

市易法同样是这个时期推出的重要法令，它的主要内容包括政府通过买卖商品平抑物价。这种做法其实并非宋朝原创，汉代以来政府就已经出现了干预市场商品价格的机构。到了宋朝，市易法之下的政府购买更加货币化，同时通过更多的外包举措使得采购过程更加市场化，而政府购买也是这个时期铸币流通到市场上的重要推手。

站在今天我们再审视王安石的举措，有很多敷衍的评价

第二章 从桑弘羊到王安石：国家金融干预的酝酿与确立

说他的变法改革领先时代，并说他的政策对封建王朝产生了十分重要的影响。站在长远的时间维度上看，政治和经济变化瞬息万变，即便是再宏伟的格局，也难免"三十年河东三十年河西"，没有哪一项功业能够在两三百年的维度上持续保持影响。因此就细节而言，王安石变法真正深刻的影响在于，他极大地加速了中国社会的金融下沉。这不仅仅是金融边界的拓展，更是国家治理层次的拓展。

国家治理层次的拓展是非常浩大的工程，治理层次每下降一个层级，不仅需要更多的官僚队伍，更需要一系列配套的基础设施。在商周时期依靠分封，中央政权基本上只能控制到省级行政单位。经历了 1000 余年社会经济的发展，秦帝国时期的郡县制实际上实现了对地市级层面的管辖。而对我们如今意义上的"县域"层面的治理，则得等到 1000 余年之后的唐朝。唐朝时期开始对更小的区域设立行政管辖机构，即"知县"，后来人们提到的"皇权不下县"，也是将县域作为封建王朝最基层的治理单元。到了今天，随着国家财政实力的不断增强以及治理技术的不断发展，中国政府的行政单位和之前的朝代相比，第一次下沉到了街道和乡镇的层次，这一次的下沉距离唐朝又过去了 1000 年。所以对历朝统治者而言，治理下沉是一件非常困难的事情。

但幸运的是，金融下沉的速度看上去快多了，从中国北宋中后期开始，以神宗朝和王安石变法驱动的变法革新让货币迅速下沉到了王朝的每个人。这样一来，臣民的手中拿到的是国家信誉背书的货币，货币是否足额、货币是否有信誉、货币流动是否顺畅、货币币值是否稳定等问题将直接影响到社会的每个人，而货币的唯一来源就是国家，国家的货币政策将会直接影响到整个社会。在政府的直接治理至今仍未触达的微观像素上，货币的触角却已经提前1000年伸向了这里。

如果按照这个思路再来看王安石变法，会发现虽然政令频出，但是却有着严密的逻辑。虽然他的政策屡屡被清流批评不切合基层实际，但是当时的翰林中除了王安石之外，没有任何人在基层锤炼过，在神宗的朝堂上，最有底气说自己了解基层的，也只有王安石一人。

如果大家对正史感兴趣，会发现在新中国成立以前的主流史论对于王安石变法的评价很一般，有观点认为王安石变法是导致北宋败亡的原因。事实上，王安石变法带来的新旧党争在王安石去世后持续了几十年，最终因为新党蔡京、童贯等人掌权和失国让新党承担了骂名。但这个时候的党争早已偏离了变法政策本身的逻辑，仅仅是不同的政治队伍的代号罢了，与王安石和王安石变法，又有什么关系呢？

今天我们从金融下沉带动治理向基层拓展的角度，可以再次认识王安石和王安石变法。这种迟到的理解，也算是对锐意革新的仁人志士们遥远的致敬吧。

(四)货币帝国的形成：金融干预维度的第三次扩张

在政府金融干预的第一次扩张中，我们追溯了中央政府是如何一步步将铸币权牢牢抓在自己手中，并开始对信贷业务进行初步管控。在政府金融干预的第二次扩张中，重量不再成为衡量货币购买力的标准，国家信用背书具有法币性质的铸币开始真正通行，货币政策的势能开始出现，货币数量开始迅速扩张，同时各种各样的信贷业务和金融创新也大规模出现。北宋中期之后，随着政府一系列的改革措施，货币迅速地渗透到了更广泛的人群和更深入的社会板块，政府对于金融生活的干预影响到了更多人。作为政府金融干预的第三次扩张，王朝推动金融下沉的意义甚至超过了对金融活动的干预，可以说是一场前所未有的社会治理试探，与君主专制中央集权的政治文化在哲学深处形成了耦合。换言之，政府对于金融生活的干预，很可能仅仅是中央集权强化的一部分，其政治意义可能远远超过了金融治理本身。

至此，货币成为中国封建王朝经济的血液，并以通宝的形式在不同人群、不同区域之间流淌，货币帝国在亚欧板块的东端形成了。经历了政府金融干预的三次扩张，统治者对于金融干预的基本形态已经初具规格。在之后的漫长时光里，王朝政府不断应对新的金融元素和社会经济冲击，从各个层面夯实金融干预的基础设施，积累金融治理的相关理论，推动封建王朝金融经济的发展。

第三章　突围与彷徨：
王朝金融干预尝试和挫折

彼时的中国早早的就拿到了棋局的门票，兴高采烈地坐在棋盘上，第一个摇起了骰子，踌躇满志地期待着"6"的出现。

可这一等，便是一千年。

很多人认为，对历史的假设和推演没有任何意义。已经发生的历史是构成我们现在的前因，历史唯物主义的观点之下，今天人类物质和精神的一切似乎始终沿着一条固定的车辙不断向前，似乎无论怎样假设，我们终将来到这里，只不过是时间的早晚而已。

不过，白发渔樵，茶余饭后，却经常能够听到关于历史演绎的假设，比如"要是荆轲刺秦成功历史会怎么样？""要是鸿门宴上项羽杀了刘邦历史会怎么样？""要是赤壁之战曹操胜利了历史会怎么样？"这些问题之所以十分吸引人，是因为另外一种可能性出现的概率似乎同样很大，而两种不同的结果带来的影响确乎足够长远。

那么究竟什么事是必然，什么事是偶然？每件事都有其发生的条件，一件事越是基础，诱发它出现的因素就越是普遍。比如人类学家、考古学家和社会学家会发现不同的区域、不同的文明似乎不约而同地将黄金、白银作为一般等价物。因为只要贸易规模不断扩大，高价值的等价物就必然会出现，而兼顾开采、铸造、储量多方面因素的金属只有白银和黄金，因此人类的这种选择有很大的必然。但是股票、债券等更高级别金融创新的出现，则需要更加严格的诱发因素，比如大规模的社会化生产、良好的风险分担机制、明确的监督执法框架等。而将诸多的因素集齐，有时可能未必是一件水到渠成的事情，但是只要把时间线拉得足够长，就终会等到天时地利人和的那一刻，就这种程度上而言，可能金融业务走到今天也是必然的。

但是，究竟什么时候才天时地利人和呢？

这些要素的相遇充满了偶然。正如孩子们小时候玩的飞行棋，虽然我们知道，只要掷骰子的次数足够多，我们总会将棋子向前挪动，但是在真正投掷出"6"之前，棋子永远不能出发。

中原王朝对于金融的干预似乎就是一个这样的故事。在宏大的版图和人口塑造之下，金融活动很快就达到了一定的高度，这些与生俱来的政治文化和社会经济条件是那么的完美，政府很快就对金融活动形成了包括货币铸造、货币信用、货币下沉等三个方面的干预框架，成就堪称辉煌。即便是站在如今回望，也会发现此时王朝金融活动的规模和质量之恢宏，政府对金融活动治理的层次和经验之丰富，已经影影绰绰看到了几百年以后近代西方国家金融治理的身影。而与从航海时代到工业革命一路崛起的地中海和大西洋沿岸国家相比，此时能够触发东方王朝金融层次甚至社会面貌巨大飞跃的最后一个关键拼图似乎马上就要出现了。

彼时的中国早早地就拿到了棋局的门票，兴高采烈地坐在棋盘上，第一个摇起了骰子，踌躇满志地期待着"6"的出现。

可这一等，便是 1000 年。

一、惊鸿一瞥与一步之遥：政府金融干预框架的巅峰

（一）国际收支与货币战争

公元 1137 年夏天的一个上午，崇政殿里群臣会集，年轻的宋高宗愁眉不展，大殿里传来"今钱荒之甚，岂容再出如此！""铜钱多入北境，请禁之！"对于这次廷议，《宋史》和《宋会要辑稿》不约而同都做了记录，900 多年前南宋都城

临安皇宫这一次激烈的讨论之所以令人印象深刻，是因为它涉及宋朝一次重要的金融危机：南钱北流。

宋朝绝非中国唯一的分裂时代，但是从经济金融的角度讲，宋朝的政治格局和地缘格局却是独一无二的，即在一个相邻的、统一的经济框架内形成了不同的金融经济体系。隋朝以前，虽然中国也有长期的分裂时期，但是在货币尚未完全下沉的历史阶段，大规模的货币交易还没有出现。而宋朝之后，中国历史上再也没有出现长时间的分庭抗礼式的割据。就这样，辽金宋时期成为此后唯一一个在传统农耕文明疆域范围内的多国共存时期。南宋之后，宋金的边境推至江淮，已经是中华文化的腹地，但是边境线两侧的国家却采用不同的货币、不同的经济制度，货物往来要经过官方机构的管辖，且这种情况持续了很长时间，形成了在国内开展"国际贸易"的特殊经济景观。

无论是宋辽还是宋金，大部分时间里边境并没有出现战争，但是地缘邻国的现实情况和源于战争合约的均衡现状使得边境两边的国家很难实现真正的互相信任。在战争年代，两边通过军事角力。而在和平年代，经济金融领域的暗自较劲一直没有停止。而恰恰是这种较劲改造了帝国的经济金融环境，也直接影响了王朝政府金融干预的层次和格局。

贸易是这一时期各个国家都无法回避的大事，政府对于国际贸易有着严格的管理，辽宋金夏各国在各自的陆地边界附近都设置了专门进行跨国交易的场所，称为"榷场"。本国的商人要想购买其他国家的商品，或者将本国的商品卖给其他国家，则需要携货入场，跟场内的官吏介绍希望交易的目标产品后，由官吏进出场内寻找符合条件的交易机会，商人不能直接与交易对手沟通。商人进入场内须纳税、交牙钱、领得证明文件（关子、标子、关引等）方能交易。对于贸易的严格管理，很多人认为是出于控制国家重要战略物资流通的需要。比如战马、武器等交易都必须经过严苛的审核，且面临高昂的税费。若我们将其放诸南北宋的实际情况，结合翔实的佐证史料，则会发现王朝政府对于贸易管理的背后，隐藏着一个完全陌生的金融治理领域的隐忧。

　　回到朝堂之上，令南渡君臣忧患不堪的金融问题恰恰肇始于贸易。金向宋出口的产品主要有盐、马、丝绢、兵器等，宋向金出口茶叶、粮食作物、丝绢、耕牛等物品，此时的边境线已经到了安徽地区，而宋朝的铜币成了交易的主要货币。由于宋朝社会经济发达，国内产品的国际需求很大，因此宋朝的货币在周边国家有着很高的流动性，金国希望通过各种方式将宋朝的钱币留在国内，起初是大量向宋走私出口低价盐，宋朝盐业官营，垄断价格相对较高，盐业收入是财政的重要部分，低价盐的进入吸引了大量的南宋需求。其后又通过短陌①的方式吸引铜钱。在南宋，一贯钱为七百七十文，而到了金国，官方为了吸引南宋货币留在境内，认定一贯宋钱的数量为二百至三百文，如此一来，一个人从南宋带了一贯钱来到金国，立刻可以将这一贯钱拆分成两贯，这让宋钱在金国内有了更强的购买力。同时，金国还在汴京制造钞票印发机构，开始发行交钞，以此收兑了很多零散宋朝货币，并将收兑的宋钱北运。

南宋王朝高度关注金朝的这些动作。南渡之后，宋朝铜产量不及北宋王安石时代的1/30，铜钱存量的变动几乎只能通过国际贸易。大量的钱币北上导致国内市场货币不足，商品流通缓慢，物价出现了下跌。这种情况之下，才有了开头廷议的场面。也正是因为这样，宋王朝成为中国历史上第一个面临严重国际收支危机的政权，为了应对危机，经过士大夫阶层的仔细思考，南宋政府采取了"货币隔离"的方法应对货币的外流。

所谓"货币隔离"，是南宋政府通过政策要求将国境线附近的交易进行"去货币化"，一方面下令在宋金交界的两淮路、京西路以及荆门一带一律禁止使用铜钱，正在流通的铜钱则

---

① 相对于"足陌"，指不足实数一百而当百钱使用的钱。

必须兑换为铁钱，或者兑换为仅能够在两淮地区流动的纸币。南宋官方将兑换之后的铜钱大量运往长江以南的京畿，人为在两淮地区打造了一片铜钱的隔离带。铁钱和区域性的交子在境内的交易是可以的，但是却不能作为跨境结算的货币，因此一旦涉及跨境交易，那就必须通过官方进行汇兑，将铁钱或者交子兑换成为双方都接受的宋铜钱。

讲述到这里，是不是能够看到熟悉的影子？其实这就是资本账户管控的雏形。如今，凡是使用自己主权货币的国家都或多或少地对资本账户进行掌控。也许有读者会问，货币的输出难道不是一个国家经济影响力提升的表现？我们现在不断推进的人民币国际化进程为什么没有带来货币外流的危机呢？

事实上，无论是美元还是人民币，其本质并非货币，而是法币。人民币和美元的价值并不来自铸币所用的材料，而是来自法币发行国家的信用。而当时的宋钱则不同，宋钱由规定成分的铜合金按照固定的形制打造，虽然已经不是按照重量严格对等购买力，某种程度上也有了法币的痕迹，但是毕竟本身是铜金属，是具有价值的，铜钱一旦被铸造，就与铸造它们的国家没有任何关系，主权国家根本无法通过货币政策来影响到实际铜金属的流通。对于南宋而言，市场上流通的铜钱，就是实际的储备货币。有大量的铜作为储备，则可以发行更多的交子，政府可以通过调整交子的规模、比价来调节社会的货币总量。这也可以理解为什么布雷顿森林体系之下，美国大力推行美元结算，但是却不会轻易让市场上直接流通黄金。

南宋朝廷对于储备货币的管理思路是清晰的。稳住储备货币，用法币（交子、铁钱）等替代进行流通，强化结算的管制，这样一方面能够很好地监测进出口的基本情况，另一方面"货币真空"地带的出现也在很大程度上避免了商品和货币走私情况的出现。虽然这仅仅是应对货币争夺的一个举措，是政府第一次系统性地进行国际收支干预，但是其对社会经济的影响程度却远远超出了政策探索本身的边界，并且直接将中国推向了古代政府对金融干预质效的巅峰。

（二）从盐引到公债：金融干预维度的第四次扩张

提到大宗商品，大家脑海中首先想到的是什么呢？煤炭、原油、大豆等各种粮食作物。所谓大宗，不仅是交易的规模大，同时也对社会经济的作用大。社会经济在变，所谓"大宗商品"的具体内容也是会发生变化的。

那么，中国古代的大宗商品是什么呢？

《管子·牧民》曰：仓廪实而知礼节。民以食为天，粮食

第三章　突围与彷徨：王朝金融干预尝试和挫折

同样对于立国有着无可取代的地位，农业经济之下的古代中国粮食作物大多自给自足，而饮食必备的盐则并非都能生产，因此对于盐的生产和交易成为历代王朝重要的经济事项，在大部分时期，国家对于盐业的生产和交易都是垄断的。西汉桓宽曾经记录了盐铁会议的内容，并写成了《盐铁论》一书。在宋朝，盐税在王朝财税收入中有着重要分量，政府也牢牢垄断着盐业的重要关节，而盐引，就是宋王朝进行盐业管理的重要模式创新。

盐引是宋代以后历代政府发给盐商的食盐运销许可凭证。商人交钱买盐钞，然后凭盐钞购盐运销。徽宗政和三年（1113）正式推行盐引法，盐引分为长引和短引，长引销外路，短引销本路，长引的期限为1年，短引的期限为1季，在盐引上明确标明了运销数量和价格。这样一来，盐引就是宋王朝政府支持的承兑汇票：只要在期限范围内带着盐引到指定的场所，就能够换取一定量的盐。

在实际操作中，商人拿了盐引之后，不一定真的从事盐业的销售运输工作，有时会直接在市场转卖，逐渐形成了规模庞大的二级市场。在二级市场中，盐引、茶引等都可以进行转卖，进而催生了交引铺、营质库、金银铺、绢帛铺等相关机构。交引铺的规模很大，宋徽宗崇宁元年（1102），六七个经营交引铺的巨商向蔡京请求把手上持有的价值370万贯的交引兑现①，可见这些交引铺经营者资本之雄厚。就这样，以盐引等大宗商品的交引发行为基础，中国历史上形成了第一个政府债券市场。起初，政府会定期兑现交引，但是随着财政开支剧增，政府债务压力不断增大，交引发行的规模更大、期限更长，当初为了产销便利而发明的交引逐渐变成了国债的发行载体。

这种转变有着非凡的意义，在此之前，王朝政府在金融活动方面更多的是旁观者和管理者，无论是制定国内信贷规则，还是对于货币的铸造发行和币值管理，都处于旁观的管理者视角。但是交引的公债化转变则意味着政府不仅成为管理者，同时也变成了金融活动的参与者，通过公债进行融资极大程度上提升了国家撬动社会资源的能力，而在此之前，国家想要从金融市场获利最常用的方法就是滥发货币，不仅时效短，而且会给社会经济带来深刻的后遗症。

至此，中国古代政府在宋朝时期终于入场，成为真正意义上的金融市场主体。很多现代理论认为，国家能够通过金融市场凝聚财富推动发展，是西方经济体率先走向现代化的重要原因。当宋朝的交引已经大规模交易时，距离葡萄牙商

---

① 按一贯钱兑半两白银算，这一半便相当于白银 185 万两。这相当于北宋所辖四京、十九路在宋神宗的熙宁十年（1077）商税一半以上。

船绕过好望角还有300多年，距离荷兰独立还有500多年，距离英格兰银行开始发行国债还有600年。在金融实践上，中国政府远远走在了全球的前列，通过金融"入场"的方式，政府实现了金融干预的第四次扩张。

但遗憾的是，这是中国古代政府进行金融干预的最后一次扩张了。

（三）税收国家与财政国家

诺贝尔经济学奖获得者卢卡斯曾经说过，"一开始思考经济增长，就无暇他顾"。对于成长与改革开放之后的中国人而言，也许很难深刻地理解经济增长本身的复杂性，大家经历了经济的高速增长，目睹了肉眼可见的生活改善，经济的增长似乎是镶嵌在时间长河的刻度，时间往前推移，未来就一定比现在好。但事实情况远非如此。在人类历史的绝大多数时间中，我们是很难从生活水平上判断历史时期的，对于大部分人而言，如父辈那般度过一生是再理所当然不过的事情了。不仅是百姓，帝王们的心思似乎也并非追求经济总量的持续增长。例如，康熙五十一年（1712）二月二十九日，康熙帝宣布将丁银税额固定、不再增收，准备命令各省督抚将现行钱粮册内有名丁数永远作为定额，不再增减。

然而关心经济的读者也许会发现，当前我们关注的很多指标都是增量和增速，以大家熟悉的 GDP 为例，除了其总值突破了某个整数关口，或者超越了某个国家之外，社会各界最在乎的仍旧是 GDP 的增速。即便当前中国的 GDP 总量已经很大了，但是一旦增速下降，政策制定者也会忧心忡忡。这种转变的出现，究其根源，是因为政府成为金融市场的参与者。

除了宋朝之外，中国国家财政体制的基础主要是以农业税为代表的直接税。每年到了固定的时期，全国的税收体系开始运作，以农业产出量为基数征税，有学者将这样的国家称为税收国家。而农业生产的特点决定了这样的税收规模是很难扩张的，待到天下承平，农业社会的税基几乎不会再增加，即便加上了人头税，税收总额的增速也很难提升。对于幅员辽阔、人丁兴旺的大国而言，这种税制的收入总额稳定，但也有一个严重的问题，就是税收总额与社会经济内部活动基本脱钩。而宋朝却以间接税作为国家财政体制的基础，与贸易、交易、消费等经济活动的税收总额庞大，这些间接税与经济活动的规模和活跃程度密切相关，成为支撑国家财政的基础，这也解释了为什么两宋面积不是最大的，政府却有丰厚的税源。除此之外，政府深入参与金融市场，并进一步演化出了公债，更是极大拓展了政府收入的来源。所以，宋朝政府不仅向日常经济活动募资，还以国家未来的收入作为担保募资，当期国家可以调动的金融资源更加丰富，有学者将这样的国家称为财政国家。一方面，财政国家的收入来自波动较大的社会经济活动，人们对于变化率的关注会更加敏感；另一方面，债务融资本身的成本让治理者必须关心债务利息，其对于偿债能力的要求终将转换到对经济增长的要求上来。所以，财政国家的形成本身就包含了对经济增长的要求。

正如前文所说，近代以来新兴的国家大多是财政国家。这样一来，国家能够在很短的时间内动员大量资源用于基础设施建设和对外战争，而基础设施建设和战争动员则同时深刻地塑造了一个国家内部的治理环境。那么随之而来会产生两个问题：为什么宋朝之前和之后的王朝都没有再出现过财政国家的形态，唯独宋朝出现了？为什么同样是政府作为市场主体参与到了金融活动中，宋朝没有像其他西方国家走向现代化的道路？

其实这两个问题本质是统一的。作为一个金融史的研究者，我们经常能够看到不同历史时期中国政府对国内的金融治理，但是很多治理形态在除宋朝之外是鲜见的，比如政府对于国际收支的管控、政府借助金融市场进行融资等。我们认为，宋朝的特殊性与货币经济时代几乎没有长期割据对立的历史环境有关，两宋面临的地缘政治环境十分特殊，中华文化的核心区第一次在货币已经广泛使用的时代长期分裂，这种国际交流和竞争并存的客观环境加剧了军备国防、基础设施投入、经贸维护等事项的开支，带来大量的金融治理创新。从某种程度上讲，宋朝内部的诸多治理制度为近代化做了很好的准备。

但是同样要看到，宋朝在金融治理领域所达到的高度是特殊地缘政治经济环境下衍生出来的金融治理面貌，它依仗特殊的政治经济环境而产生，也必然会因为地缘政治格局的改变而变化。当契丹人、女真人、蒙古人依次以更加剽悍的实力压迫北境时，宋朝举全国之力也难以动员足够抗衡侵略者的国家力量。随着南宋名臣陆秀夫负帝投海，中国再次迎来了辽阔统一的版图，而汴梁城、临安城的曼妙歌舞，肃穆沉稳的交引老铺，风行天下的交子飞钱，也都随赵宋王朝的黯然谢幕一并隐没在了崖山余波中。

二、尝试、挫败与退缩：元代金融干预的强度与质量

（一）比你想象的更精细——元代金融干预的框架

从宋朝的历史读到元朝，没有几个人不捶胸顿足的。在传统士大夫眼中，蒙元帝国是凶蛮的游牧民族，中华帝国则"斯文在兹"，华夏文明发展形成的精密的、优雅的治理体系

和文化传承在元朝时期出现了倒退。这种观念影响深远，甚至国外的历史学家都曾说"崖山之后无中国"。即便到了今天，我们提到少数民族政权的时候，仍然容易将其与匈奴时期的游牧民族形象画等号。其实，即使在蒙古人尚未主宰中国时，其内部已经形成了完整的文官体系，内政治理的框架与金、西夏、宋逐渐趋同，他们在战场上的形象，也绝对不是穿着轻便的羊袄，个个都是马上神弓手，真实历史上的"蒙古铁骑"，身上和马上都披着最先进的金属重装甲，使用的是经阿拉伯数学家精密测算和建造的攻城器械，蒙古对亚欧大陆的横扫，并非依靠单兵作战能力，而是蒙古帝国本身在经济、科技、政治、文化等基础方面带来的综合国力上的压倒性优势。在蒙古帝国全盛时期，其疆域辽阔，经贸发达，文化繁荣，治理精细。也只有提前消除了这样的偏见，再看待元朝对金融的治理和干预时，才能发现其与历代中原王朝是一脉相承且有所创新的。

从政府对金融的干预来看，元朝是一个非常重要的创新时期，它对于金融干预的创新点主要集中在三个领域。第一是货币领域。元朝纸币几乎成了元朝金融治理最著名的代言。纸币在元朝之前就已经在中国历史上亮相。元朝纸币之所以更加有名，是因为历朝的纸币都是金属货币的补充，而有元一朝，纸币却取代了金属货币，在很长时期内成了市场主要流通的法定币种，这种程度的纸币化社会直到18世纪才在西欧发达国家中出现。第二是储备货币治理。除了元朝之外，中国历朝政府几乎从来没有进行过储备货币的管理。纸币的广泛推行需要政府进行大量的备偿储备，元朝政府一方面在各行政区域设立提举司，用于管理储备货币；另一方面严防金银铜等储备金属外流，通过市舶司等外贸管理机构进行储备管理。第三是沿用了北方和南方的不同税制政策。在北方，元朝政府主要以人丁为单位征税。在南方，则沿用南宋的两税法，按照不同的季节以田亩和产量征税，同时元朝同样保留了南宋广泛施行的商业税、海关税，并且继续施行了专卖制度。

从史实看，元朝政府对于金融的干预程度在宋朝的基础上更进了一步，尤其是对于货币的管理，其治理范围之大、配套措施之缜密，冠绝同期的人类文明世界和中国古代历史，成为中国金融史上的一个辉煌孤例。

（二）古代中国货币治理的巅峰

马可·波罗是家喻户晓的历史人物。他是意大利旅行家、商人，出生于威尼斯一个富裕的商人家庭。他被所有人铭记的是其在元朝游历任职的传奇经历，以及他那本掀起了整个西欧对东方世界幻想的名著《马可·波罗游记》。《马可·波

第三章 突围与彷徨：王朝金融干预尝试和挫折

罗游记》记录了当时中国社会经济面貌，对于元代的纸币，他有一段精彩的记载。

> 制造此种纸币之后，用之以作一切给付。凡州郡国土及君主所辖之地莫不通行。臣民位置虽高，不敢拒绝使用，盖拒用者罪至死也……各人皆乐用此币，盖大汗国中商人所至之处，用此纸币以给费用，以购商物，以取其售物之售价，竟与纯金无别……由是君主每年购取贵重物品颇多，而其帑藏不竭，盖其用此不费一钱之纸币给付也……大汗用此法据有所属诸国之一切宝藏。

这一段描述高度总结了元朝纸币的很多特点。从中可以看到，在西方人眼中，中国的纸币能够在广阔的疆域内完全畅通，并且其价值如同黄金一般稳定。从上面的描述中，我们也能够看出元朝纸币的推行背后有着国家强制力的身影。那么元朝政府究竟是如何对纸币进行管理的？元朝纸币在历史中的表现究竟如何？它究竟是金融治理的伟大创举，还是潦草粗陋的天方夜谭呢？我们来仔细了解一下元朝的纸币。

在辽宋金时代，"交子"等类纸币的货币已经与传统的金属铸币同时流通了，蒙古帝国早期，在其统治的北方也曾发行过区域流通的交钞，称为"诸路行用钞"。忽必烈即位之后，政府开始统一发行纸钞。我们熟知的元朝纸币，其最重要的代表是"中统钞"，取其发行年份对应的年号中统元年（1260）。为了让纸钞能够在境内畅通，元朝政府从中央到地方均设立了印制、发行、管理交钞提举司，为了保证币值，还专门设立了平准库，用于随时将交钞兑换成白银。中统钞发行时，各路所设的宝钞总库储存着几乎等值的金银作为储备，如果某个地区的宝钞库中没有金银了，那么该路就没有中统钞的配给额度。在元代前期，政府严格控制着发行量，中统钞的币值十分稳定，忽必烈时期的重要文臣王恽提到，"钞有多少，银本常不亏欠"。这也才形成了马可·波罗提到的"以取其售物之售价，竟与纯金无别"。

但是，历史上中国贵金属的产量一直有限，即使到了明朝，白银的年产量峰值也就是30万两左右，而元代中国还没有进入白银大量流入的时期，要想保证国内有充足的准备金用于发行中统钞，就要想方设法将白银留在国内。为了实现这一点，忽必烈禁止国内商人用金银换取外国商品，并且禁止携带金银出境，用行政手段将货币留在境内。同时，为了让纸币尽快普及，元政府采取了强硬的法律措施，对于不接受纸币者将施以刑罚。在金融手段和行政手段协力共举之下，中统钞管理和运行得十分成功。

中统钞的顺利运行极大地提升了国家信誉，周边部分国家也将中统钞视为与金银相同的硬通货,在与周边国家进行贸易往来时,中统钞成了接受度极高的交易媒介,是区域性的硬通货。泰国、缅甸、越南等国的货币都跟中统钞有着明确的比价关系。同时,元帝国幅员辽阔,广袤境内的稳定纸币给长距离贸易带来了极大的便利。中统钞的顺利发行流通也让周边的国家跃跃欲试,日本、印度、朝鲜在元朝中统钞的影响下都曾试过发行纸币,波斯伊尔汗国在1294年也开始发行纸钞,并试图仿照元朝,用纸钞全面替代金属货币,但是受制于国人的反对,最终没能够顺利执行下去。

如果拨开历史细节,我们会发现元朝的纸币并非印象中的那样粗放。相反,从中统钞的出现、推广和管理,我们能够清晰地看到中央政府在进行货币管理时的政策节奏和技术把控,其背后是长时间金融治理经验的积累,以及大量专业金融官僚的支持。当时的吏部尚书刘宣有一句特别形象的话描述这些金融治理者的日常,"印造中统元宝,以钱为准,每钞贰贯倒白银壹两,十五贯倒赤金壹两,稍有壅塞,出银收钞,恐民疑惑……诸老讲究扶持,日夜战兢,如捧破釜,唯恐失坠"。那些负责保障钞票价值稳定的官员们,日夜盯着钞票的真实购买力,如履薄冰地捍卫着帝国的金融天平。

在这种无比精细的金融治理之下,中统钞作为人类历史上第一次纯纸币体系的尝试,"行之十七八年,钞法无稍低昂"。即便是21世纪，几乎没有任何一个现代国家，能让本国法币在十余年之间，购买力如一汪静潭般波澜不惊。而800年前的元帝国，却做到了，就是这样认真地、审慎地，一步步把中国古代的货币治理推上了历史的巅峰。

人类历史上的失败者最喜欢的借口之一，就是尚武的蛮族摧毁了优雅的文明。其实，荒蛮是无论如何也不可能战胜文明的，所谓强大的征服力，可能只是高度文明的表现形式之一。西欧的法兰克王国如是，亚欧的蒙古帝国如是，他们并没有真正意义上摧毁什么，他们只是足够强大罢了。

这就是我们脑海中只知骑马牧羊，引弓射雕的"游牧民族"。

（三）通胀与衰亡，谁是因谁是果？

"好事不出门，坏事传千里。"如今提到元代的货币，没有人在乎它曾经取得的重大成就，大部分人第一反应，应该都是极端的通货膨胀吧。

元朝纸币管理松动出现于忽必烈统治的中后期，中统钞的发行量剧增。以前，每年发行钞票的额度为40万锭，而中后期则每年的发行量均在100万锭以上，到了后期，发行额已经超过200万锭。当然，判断钞票是否超发还应看准备金是否跟得上，在忽必烈统治中后期，财政收入没有明显增多，但是大量的准备金却被挪用，导致了钞票不能随时兑现，钞票面临的信用危机加剧了其贬值的速度。在元世祖统治中后期，中统钞衡量的物价涨幅大约10倍于当初，系统性的通货膨胀已经十分明显了。

为了应对通货膨胀，元朝政府的解决措施是采用新的货币系统对中统钞进行置换，于是便出现了至元钞。至元钞的1贯兑换原来中统钞的5贯，实质是用至元钞作为更大额的钞票。也许有读者询问，这种兑换不过就是把小钱换成了大钱，对于解决通货膨胀有什么意义？其实，将小钱换成大钱之后，政府通常情况下会逐渐减少小钱的印制，市场上最终只会流动大钱。举个例子，假设你在元大都的闹市里看到了一个心仪的青花瓷，老板告诉你需要5贯。后来政府统一进行了货币更新，5贯中统钞变成了1贯至元钞，这样这个瓷器的标价就变成了1贯至元钞或者5贯中统钞。而当社会上所有的中统钞都变成了至元钞之后，物价系统里只有至元钞的单位，则老板会直接告诉你这个瓷器的价格是1贯。就这样，通过更换货币系统，5贯的瓷器价格就变成了1贯，商品的名义价格就下降了。通货膨胀的定义是全范围的价格持续上涨的现象，如果能够稳定住货币总量，保持物价稳定，通货膨胀的现象也就随之消弭了。那为什么不直接控制原钞票的发行规模，一定要用新的钞票进行置换呢？因为小额的钞票流通频繁、发行时间长，纸币的损毁严重，对于存量的计量十分困难，不便于政府管理。另外，在物价已经出现了大规模上涨时，小额钞票的计价数额较大，给日常使用和流通带来不便。所以，当下定决心治理通货膨胀时，更换货币体系没有什么问题。

但是有一个前提，得是下定决心治理通货膨胀。从元朝政府的表现看，可能的确是下定决心治理通胀，但是却根本没有办法解决通胀发生的根本原因：巨额的财政支出。

元世祖中统的中后期，正是元朝大军平定江南的关键时期，大量的资源军费开支让财政空前紧张。1268年开始忽必烈发动灭宋战争，到1278年南宋灭亡，战争持续了10年，而中统钞的加速通胀就是在这10年间。与此同时，史载忽必烈对于手下赏赐慷慨无度，进一步加剧了财政的窘迫。改为至元钞之后，其发行速度却没有丝毫减缓。1311年，中书平章事李孟上奏提到，当年日常开支600万锭，帝王赏赐300万锭，平定北患军费700万锭。而此时的国库仅有11万锭，根本入不敷出。元朝中后期，每年发行的钞票达到1000万锭，大量的通货涌入市场。根据统计和推算，超发货币使得元朝的物价相比于正常时期增长了300—800倍。而一直以来，元朝都没有形成像南宋那样的公债市场，这么庞大的帝国却一直无法利用债务工具支持当期的开支，使得超发货币成为应

第三章 突围与彷徨：王朝金融干预尝试和挫折

对突发情况的唯一选择，逐渐酿成了中国古代最严重的通货膨胀。

事实上，通货膨胀在中国金融史上并非稀客，即便是在铸币时代，也曾出现过董卓时期的滥发小五铢钱。唐宋时期，不足值的货币以及纸币开始出现，一次缺乏考量的比价政策出台就会瞬间造成货币量供给增大带来的通胀。到了南宋后期，大量的政府开支逼迫政府不断地印发纸币，也最终导致了南宋末年的通货膨胀。而元朝的通货膨胀带来的物价上涨程度之高，经历时间之长，则冠绝前朝。

从后世的角度回看前朝，这些云烟般的往事不会对我们的生活产生什么实质影响。但是对于当时的百姓，通货的贬值几乎直接摧毁了社会劳动者多年的劳动成果。"人为财死，鸟为食亡。"让一个家庭损失一天的劳动果实，绝对足以让这一个家庭的人咬牙切齿，而如此大规模的通货膨胀，让成千上万户家庭数十年辛苦积累的财富蒸发，则会直接动摇王朝的统治根基。元朝不是第一个罹受通货膨胀之苦的政权，也不会是最后一个，随着政府金融治理工具的逐渐完善，金融强制力的不断强化，通货膨胀带来的价格波动会让人更加瞠目。到了20世纪40年代，中华民国已经会聚了一大批顶尖的金融家，吸取了人类最前沿的金融治理理论，那些饱读史书的政策制定者早已熟识中国历史和世界历史上各种惨痛的通胀教训，但却从成因、进程、政府应对方式、最终的结果等方面几乎完美复刻了元朝超级通货膨胀的故事。究竟是因为很难做到真正的以史为鉴，还是因为客观因素让统治者实在无法想到更好的办法呢？

所以，有时候最大的不幸，可能就是明知前方就是深渊，但却无法找到一条路径，比奔赴深渊更体面。

三、白银的涌现、货币化进程及政府管控

（一）犹抱琵琶半遮面——明朝国际贸易的发展

要说对最近500年来的中国社会面貌影响最大的几个因素，国际贸易肯定是其中之一。

宋朝和元朝初期，中国在农业和手工业生产领域发展迅速，与日本、东南亚、印度洋沿岸国家的海上贸易频繁。在13世纪70年代中期，中国的丝绸、瓷器、茶叶等产品不断运往亚洲、东非、中东、地中海沿岸地区，部分产品已经能够抵达东北欧市场，16世纪30年代的西欧商品市场上，明帝国的青花瓷已是可以经常看到的产品。这一时期葡萄牙、西班牙、荷兰、日本和菲律宾等国，成为对中国海外商品贸易影响最大的几个国家。

很多人对中国明清以来的国际贸易政策的认识是四个字，

第三章 突围与彷徨：王朝金融干预尝试和挫折

闭关锁国。其实从明朝以来的绝大多数时间里，中国政府是允许国际贸易的，而且客观上讲，国际贸易对于近代前夕的中国社会经济发展有着重要的支撑作用。不过，不同时期的统治者对于国际贸易的认识不同，而促使统治者采取限制国际贸易政策的，主要仍是与海患边防相关的政治军事因素，而并非国际贸易活动本身。

明朝建立之初是14世纪中叶，这个时候西方还没有开启大航海时代，与中原王朝进行频繁贸易的主要是东亚和东南亚国家，贸易的形式也主要是朝贡贸易。朝贡贸易有两个重要标志，一个是官方主导，海船为官船，船员为官员。另一个是贸易产品主要为宫廷用品，几乎与民无涉，闻名遐迩的郑和下西洋就是典型的朝贡贸易的代表。同时，政府明令禁止民间的海上贸易，主要是担心老百姓与他国勾结作乱。不过历史的洪流是挡不住的，民间的贸易屡禁不止，在洪武中后期，广东甚至出现了大型的民间海上割据武装，并且占领了印度尼西亚的重要港口。

到了15世纪，东西方的航路逐渐被打开，葡萄牙于1415年开始逐步走上海外探索的道路。1479年，达·伽马发现了东方的欧亚航线，并在16世纪初逐步控制了通往中国南海和印度尼西亚的交通枢纽。1513年葡萄牙商人来到中国，并最终在澳门立足，从事与中国的海外贸易。在明政府对海外贸易相对宽松的政策之下，葡萄牙与中国贸易规模不断扩大。他们以澳门为据点，形成了三条重要的对外贸易路线。一条是从澳门经马六甲海峡，绕过好望角抵达西欧本土，另一条是往返于澳门和日本长崎，还有一条是往来于澳门和菲律宾的马尼拉。明中期以后，中国对外贸易几乎都被葡澳垄断，直到17世纪初荷兰在与葡萄牙的斗争中取得胜利，不断蚕食葡萄牙在亚洲的据点，而在此之前的百余年间，葡澳依旧是最重要的中国对外贸易通道。

西班牙人于1572年首次到达中国福建与中国政府接触，在此之前，西班牙在亚洲最重要的商业据点是菲律宾的马尼拉。中国向西班牙输出的主要产品包括粮食等生活必需品、军需品、生丝和丝织品。1626年，西班牙占领台湾岛北部，从基隆与中国大陆开展贸易；17世纪30年代，西班牙人经台湾岛与中国大陆的贸易规模不断扩大。在中国与西班牙的贸易中，中国主要产品的价格低廉，西班牙用大量白银和银币换取中国产品，中国商品经墨西哥运往秘鲁以及西班牙，西班牙则将美洲产的白银运往马尼拉用于交换中国产品，每年从西属美洲殖民地输入菲律宾的白银有80万到240万两，几乎全部流入中国，据估计，明末每年从中菲贸易中流入中国的白银在100万—300万两。面对大额的贸易逆差，西班牙不得不采取了限制进口的相关政策。

第三章　突围与彷徨：王朝金融干预尝试和挫折

荷兰在1581年从西班牙统治下独立后开始迅速发展。1596年荷兰人抵达东亚，1602年成立荷兰东印度公司，并逐渐控制了整个印度尼西亚的海外贸易。17世纪20年代，荷兰以台湾作为据点开展与中国、日本、印度尼西亚三地的转运贸易。明朝中后期，中国东南沿海倭寇和海盗猖獗，荷兰与中国人的贸易有时会通过大商人甚至具有一定武装力量的海盗集团代理。1641年开始，由于中国国内政局动荡，中荷贸易规模开始下降，但整体而言中国仍然处于贸易顺差。

这一阶段，葡萄牙、荷兰、西班牙通过商贸和武力不断控制和影响着东南亚诸国，原本官方主导的朝贡贸易在这一时期开始衰落了，取而代之的则是持续发展的私人海外贸易。此时明朝高层对于是否要继续施行海禁政策也产生分歧。嘉靖年间，强力主张海禁的大臣朱纨自杀，自此朝堂中支持海禁的力量彻底失败；隆庆时期，海禁正式取消了。

挣脱了政策限制之后的私人海外贸易发展速度极快。葡萄牙、荷兰等国的商人在东南亚几乎掌握了贸易的绝对话语权，而在中国的东南沿海地区，其从事国际贸易的商船尺寸、商品规模与明朝的商人还有很大差距。后来为大家所熟知的郑成功，其家族便是明朝中后期活跃在中国东南部的海商。17世纪中叶，郑氏凭家族集团之力能够击溃荷兰武装商人，占据整个台湾，并且垄断了东南亚、日本、中国之间的贸易达半个世纪之久，欧洲航海力量根本不足以与之抗衡，从这也可看出这一时期中国对外贸易的发展程度。

其实，明朝政府对于国际贸易特别是私人贸易的管理很难说是严苛，不仅是因为管理难度大，同时也因为大额的进出口贸易带来的收益与官僚系统有着密切的关系，已经形成了影响朝堂决策的利益集团。而在倭患减轻后，朝廷对于民间贸易的担忧也逐渐消失了。对于明朝百姓而言，海外贸易丰富了国内市场的产品，同时，为茶叶、丝绸、瓷器等东方产品开辟了辽阔的市场。而为了购买这些重要的东方产品，则要么通过明朝官方认可的货币，要么通过放诸天下皆准的一般等价物。

白银，这个给王朝政府带来无限财富，也为王朝金融体系埋下数百年隐患的角色，终于登场了。

（二）白银的货币化进程

马克思说过："货币天然不是金银，金银天然是货币。"白银有着得天独厚的可以成为货币的属性。在唐朝，白银已经可以作为大宗商品交易的媒介。宋朝开始，随着社会经济活动规模不断扩张，白银逐渐广泛应用，在大宗贸易中发挥着越来越重要的作用。相比于同时期的铜币，白银在全球范围内具有更普适的购买力，自然成为国际结算的主要货币。但

第三章 突围与彷徨：王朝金融干预尝试和挫折

是，在明朝之前，白银绝不是交易的主流货币。很多学者一直研究，白银是怎么变成国际硬通货，以及这种硬通货又是如何在很短时间内变成中华帝国的重要本位货币。总结发现，这与明朝中后期开启的大规模白银流入直接相关。

那么这一时期白银流入的规模究竟怎样？根据估算，1550—1645年流入中国的白银为23120万至28747万两。其中，从日本流入中国的白银为19600万至25200万两，从西属美洲经菲律宾流入中国的白银为3280万两。而此时中国国内年均白银产量仅30万两。从规模上看，国际贸易对国际收支的影响已经不能忽视了。从唐朝开始至明末，国内存量白银共计7.6亿两，其中海外流入白银总量约为3亿两。在出现海外投资之前，这3亿两白银是国内经常项目中净出口带来的。明朝最后100年中，海外流入的白银总量相当于公元7世纪至17世纪中叶1000年国内采银总量的65%，白银流入可谓强度高、规模大，大量不经官方掌控的白银直接进入国内市场，对当时中国社会经济产生了深刻影响。

例如在财政体制方面，明清以来海外白银流入加速了财政的货币化和白银化。在此之前，历朝的赋税大都是实物加钱币的模式，而明代中叶以后国家财政货币化的进程大大加快，并且很多领域赋税要求以白银上缴，白银在国家政策的推动之下迅速蔓延到了社会经济的毛细血管中，而关于银钱比价的波动带来的社会问题则屡屡出现在史书记载中。再例如从物价水平看，来自美洲的白银曾经在西欧掀起价格革命。随着大量白银流向中国，中国主要产品的价格水平也出现了波动。有学者发现，白银输入显著抬高了粮食平均价格，同时抑制粮价的波幅，而银铜比价这种半市场化的内部比价体制在一定程度上缓解了米价上升，提高了米价的波幅。

不可否认，白银货币化和白银流入中形成的新经济结构，可以容纳更大规模的商业繁荣。巨量白银的输入促进了商品经济的发展、人民生活水平的提高，有利于王朝的政治和社会稳定。然而，这是中国历史上第一个政府无法控制的主流交换媒介，它的流动方向，它的总量波动，它的比价变化，它的形制等对于政府而言完全是外生的。白银每向社会经济迈进一步，中央政府对于金融的干预能力就后退一步。

中 篇

金融治理的近代化变革

无论是中国古代金融活动的发展和演变,还是中国古代政府对于金融的治理和干预,几乎都是王朝内生积累和发展的结果。从明朝中后期开始,规模化的国际贸易开始出现,中国在经济上开始与世界其他国家产生互动。经济的互动推动了金融的演进,贸易顺差带来的大量白银冲击了中央政府建立起来的金融秩序,同时主动和被动开放也让中国政府有机会了解到了西方金融的治理模式,金融治理体系的近代化在中国启程,而金融近代化的道路并非一条,不同的金融治理道路对中国政府的金融治理模式产生了深刻的影响。

中篇主要围绕中国金融治理的近代化变革展开。其中第四章介绍了明中后期至清代国际贸易对中国国际收支带来的冲击,以及白银的涌入如何逐步侵蚀中央政府对王朝货币的治理能力。第五章介绍了从晚清到民国时期中国金融活动发生的深刻变化,以及这种变化之下中央政府进行金融干预的特点。第六章则介绍20世纪初社会主义国家苏联的金融治理模式以及这种模式对革命战争时期乃至新中国成立之初中国共产党金融治理思路的深刻影响。本篇内容让读者能够深刻了解中国金融治理是如何从古代模式向现代模式跋涉的。

第四章 "最好且最坏的时代"：帝国金融的繁荣与萎缩

此时接续了明朝的趋势，受到了白银的不断冲击，大清帝国的统治者一定感受到了，有一只"无形之手"在和帝国的"有形之手"角力，而这只手仿佛有着无穷的力量。

是啊，"无形之手"的背后，是整个人类文明的力量。

那是最美好的时代，那是最糟糕的时代；那是个睿智的年月，那是个蒙昧的年月；那是信心自信的时期，那是疑虑重重的时期。狄更斯在《双城记》中是这样饱含着困惑来审视19世纪的欧洲的，若将这句描述放在同一时期亚欧大陆东端的清帝国，似乎也十分贴切。

1644年清军入关，中国迎来了第二个由少数民族创建的大一统王朝。时代的车轮滚滚向前，相比之前的任何一个王朝，大清面临的国内和国际政治环境更为复杂。从国内看，少数民族的政权从诞生之初就包含着华夏臣民的敌意，从入关开始，随后的一个多世纪中，清朝统治者一直在应对国内

第四章 "最好且最坏的时代"：帝国金融的繁荣与萎缩

接连不断、此起彼伏的反抗力量。从国际看，蒙古帝国和穆斯林帝国不断与中原帝国拉锯，甘肃、新疆、青海、西藏在乾隆帝之前都未完全纳入清帝国版图。不断东进的沙俄帝国和远洋跋涉的大英帝国更是让中国的西北和西南边疆压力重重。复杂的政治环境对中国的经济金融政策影响很大，一直以来广泛流行的"闭关锁国"的概括虽然从史实上看过于潦草和断然，但不可否认的是，这的确是很长时间段中清朝统治者对于国际政治时局的审慎对策。

政治承压之下，王朝腹地却呈现出了一派繁荣的景象。清朝中前期出现了延续一个多世纪的"康乾盛世"，在乾隆皇帝无比自豪地完成了他的"十全武功"后，清帝国的疆域达到了全盛，国内人口早已破亿，农业、手工业水平持续发展，即使此时是一口通商，且华商因为政策严苛而鲜有主动出海，英吉利海峡出发的百吨级巨轮已经迫不及待、夜以继日地将银元运往广州，用于采购中国的商品，国库银两充盈，国力十分强盛。坐在龙椅上的乾隆帝在万国使臣面前自然是充满了自信："天朝物产丰富，无所不有，原不藉外来货物以通有无。"他怎么也猜不到，118年之后，垂帘之后的太后在诏书中会说，"量中华之物力，结与国之欢心"。

这种转变是怎么出现的呢？中国正统的历史研究非常热衷于时代分期，用某个事件将时间的洪流切割分段。鸦片战争之后的清帝国在很多方面加速变革，其中既有重大历史事件带来的分野，也有社会经济发展到了某个阶段实现的飞跃。这些前所未有的变化给统治者带来了严峻挑战，新的历史阶段对于统治集团的治理能力提出了更高要求，整个帝国在国际贸易、外交规则、科学技术、战争军事、经济管理等领域专业知识的匮乏让治理变得极其被动。

金融活动在这一时期同样变得更加多样和复杂，一直以来中原王朝的金融实践并没有断层，王朝的更迭没有打断微观社会的金融活动，长期稳定的王朝腹地在金融需求和金融供给上出现了一个又一个创新，政府进行金融治理的最重要抓手——货币，此时延续了明朝的趋势，不断受到白银的冲击。大清帝国的统治者一定感觉到了，有一只"无形之手"在和帝国的"有形之手"角力，而这只"无形之手"似乎力大无穷。

是啊，"无形之手"的背后，是整个人类文明的力量。

一、王朝的账本：国际贸易、国际收支与白银流动

（一）大清与大英：鸦片战争之前的国际贸易

清政府针对陆路贸易和海上贸易分别制定了不同的政策。陆路贸易主要包括使团贸易和边境贸易，同时海上贸易政策

第四章 "最好且最坏的时代":帝国金融的繁荣与萎缩

经历了从禁海到开海的变化。满清入关之初,并未在全国范围内推行禁海政策,但东南沿海地区总受到各种反清势力滋扰,顺治后期,清廷开始正式禁海。直到康熙帝平定三藩、收复台湾,清廷才逐步开海,并设置四海关。至乾隆中期,西方的贸易扩张试图影响清朝的贸易规则,清廷对此十分警惕。1757年,乾隆帝颁布了"一口通商令",从此清朝的海外贸易由"四口通商"进入广州"一口通商",并一直维持到第一次鸦片战争结束。

鸦片战争之前,清朝的国际贸易规模与清政府采取的国际贸易政策密切相关。从满清入关到1840年,清政府的贸易政策可以分为开海、禁海、四口通商、一口通商四个阶段。

清初顺治时期,曾允许海外诸国入华贸易,并允许中国商人在征得政府许可之下出海贸易。顺治三年(1646)颁布敕令:"凡商贾有挟重资愿航海市铜者,官给符为信,听其出洋。"顺治八年(1651)、十三年(1656)分别议准"琉球贡道由福建""荷兰贡道由广东",可以看出清前期政府对于国内外贸易虽有限制,但是整体是开放的。

顺治帝后期,由于郑成功在中国东南沿海地区坚持反清斗争,其武装力量主要从事中国、日本和南洋之间的转口贸易,顺治十三年,清廷认为"海逆郑成功等窜伏海隅,至今尚未剿灭,必有奸人暗通线索,贪图厚利,贸易往来,资以粮物。若不立法严禁，海氛何由廓清"，随即发布了《申严海禁敕谕》，正式颁布禁海令："凡沿海地方口子，处处严防，不许片帆入口，一贼登岸。如有疏虞，专汛各官即以军法从事，督抚提镇并议罪。"1656年，中国政府正式开始海禁。

海禁政策因政治军事问题所起，也因政治军事问题的解决而消弭。康熙十九年（1680），三藩之乱已平定，康熙二十二年（1683）八月，清廷收复台湾。康熙二十三年（1684）八月，清廷在粤闽两地创设海关，管理海外贸易事务。康熙二十三年九月，康熙帝颁布谕令："向令开海贸易，谓于闽、粤边海民生有益，若此二省民用充阜，财货流通，各省俱有裨益。且出海贸易，非贫民所能，富商大贾，懋迁有无，薄征其税，不致累民，可充闽、粤兵饷，以免腹里省分转输协济之劳；腹里省分钱粮有余，小民又获安养，故令开海贸易。"康熙二十四（1685）年，清廷扩大开海区域至江浙二省"亦许出海贸易，其禁例与闽广同"。至此，中国在福建、广东、浙江、江苏四地开设海关的局面基本形成，从康熙二十四年（1685）至乾隆二十二年（1757），清朝保持了70余年的"四口通商"格局。

18世纪中期开始，随着中外贸易规模的不断扩张，贸易活动逐渐复杂。外国商人为了逃避广州关税，私自前往关税较轻的宁波从事交易，"希图避重就轻，收泊宁波"，

第四章 "最好且最坏的时代"：帝国金融的繁荣与萎缩

清廷担心"浙民习俗易嚣，洋、商错处，必致滋事"，于是决定增加宁波关税，避免外商在宁波聚集。乾隆二十二年六月，英商再次携违禁物品到宁波，并与地方政府产生了冲突。清廷下旨，不仅禁止船舶前往宁波，而且传谕各国："将来只许在广东收泊交易，不得再赴宁波，如或再来，必令原船返棹至广"，即除了广东之外，其他港口也一律不得停靠船舶进行贸易。"一口通商令"的颁布意味着中国进入了漫长的一口通商时代，从乾隆二十二年（1757）至道光二十二年（1842）第一次鸦片战争之前，中国经历了80余年的一口通商时期。

鸦片战争之前，中国与以英国为首的西方国家的贸易是清朝对外贸易的重要组成部分。尽管政府主要采取限关锁国政策，中西贸易规模仍然不断扩大，其中英国、葡萄牙、荷兰、西班牙成为中国主要贸易伙伴，它们从中国进口茶叶、丝绸、瓷器等商品，大量白银涌入中国，中国在很长一段时间内保持经常项目出超。有清以来，英国海上霸权地位逐渐确立，无论在规模上还是影响力上，都主导了中国与其他西方国家的海上贸易。1784年，随着中国与美国开始进行贸易，美国在中外贸易中的地位不断提升，在晚清迅速成为仅次于英国的第二大贸易伙伴。

表 4-1　中英贸易总值占各国海运总值比重（%）

年　份	英国输入中国占比（%）	英国自中国输出占比（%）
1764	63.3	46.7
1765—1769	67.2	52.4
1770—1774	70.0	48.6
1775—1779	62.5	41.7
1780—1784	65.3	41.6
1785—1789	80.5	65.0
1790—1791	85.2	79.5
1795—1799	90.9	72.1
1800—1801	88.4	72.7
1805—1806	92.9	66.2
1817—1819	84.5	58.5
1820—1824	82.1	66.9
1825—1829	82.9	71.0
1830—1833	79.8	74.0

资料来源：严中平，《中国近代经济史统计资料选辑》，中国社会科学出版社 1955 年版，第 3—5 页

（二）白银与国际收支

从鸦片战争至清王朝灭亡的 72 年间，政治经济面貌发生了巨大的变化。其间，清王朝经济开放程度不断提升，与全

第四章 "最好且最坏的时代"：帝国金融的繁荣与萎缩

球重要国家的经贸往来逐渐密切，跨国经济交流从贸易向投资领域不断蔓延，国际债务也开始出现。这一阶段，清政府开启了工业化进程，从器物到制度都开始了一系列改革。国际国内社会经济形势的快速变化，对清王朝的国际收支情况产生了前所未有的重大影响。

从道光二十年（1840）鸦片战争开始到宣统三年（1911）清帝逊位，清帝国经历了深刻的政治经济变化，这72年可以非常明显地分为三个阶段，不同阶段国际收支特点鲜明。

第一阶段是第二次鸦片战争爆发之前，即1840年至1855年，第一次鸦片战争之后，清廷按照《南京条约》的要求开放港口、协定关税，并进行了战争赔偿。即便如此，西方诸国发现，中国仍然有诸多阻碍贸易效率的制度和政策，这一时期国际收支的变化仍然体现在经常项目的变化中。

第二阶段是1856年至1894年，1856年第二次鸦片战争之后，《北京条约》的签订进一步开放了沿海和内陆港口，通过更加明确的税制条款，保证了商船在华贸易特权。一直以来，中国与其他国家的经济联系主要表现形式是贸易。第二次鸦片战争之后，大量不平等条约涉及开放更多港口、调整税务管理、放开外国人在中国的活动等。这一时期中国进行了更大范围的开放，对外贸易规模迅速增长，但仍然以经常项目的货物进出口为主。从1870年之后的白银流向数据，可以看到这一阶段中国国际收支的情况。

表 4-2 《马关条约》之前中国对外贸易差额

年份	净出口（万两）	年份	净出口（万两）
1870	-839.8	1883	-337.0
1871	-325.0	1884	-561.3
1872	797.1	1885	-2319.4
1873	281.4	1886	-1027.2
1874	235.2	1887	-1640.4
1875	111.0	1888	-3238.2
1876	1058.1	1889	-1393.6
1877	-578.9	1890	-3991.9
1878	-363.2	1891	-3305.6
1879	-994.6	1892	-3251.7
1880	-140.9	1893	-3473.1
1881	-2045.8	1894	-3399.8
1882	-1037.8	1895	-2840.4

资料来源：杨端六，《六十五年来中国国际贸易统计》，表 1-3；南开经济研究所，《南开指数，1936 年》，第 37—38 页；侯继明，《1840-1937 年中国的外国投资和经济发展》，第 194—198 页

在中日甲午战争之前，清政府经常项目的逆差趋势已经显现，这一方面是中国需要进口大量的西方国家工业品，另一方面鸦片贸易的合法化，使国内大量白银因进口鸦片而外流。

第四章 "最好且最坏的时代"：帝国金融的繁荣与萎缩

这一时期的资本与金融账户也开始出现变化。19世纪60年代，清廷开始了为期近40年的洋务运动，国内工业化进程开始提速。虽然外资入华办厂条款是《马关条约》的内容，但在19世纪中叶，就已经开始有外资企业在华经营，这一阶段的资本和金融账户对于中国国际收支的影响已经很难忽略。

第三阶段是1895年至1911年，《马关条约》反映了外商和外资进一步开放的要求，其中第六款内容在之前的合约中十分鲜见[①]，条约内容不仅拓展了日方在中国从事贸易活动的范围和自由度，更重要的是实质上允许日本人在中国直接从事投资经营活动。正因如此，中国在《马关条约》之后资本输入的规模不断增大，国际收支平衡表中的资本和金融项目

[①] 《北京条约》第六款具体内容如下。第一，见今中国已开通商口岸以外，应准添设下开各处，立为通商口岸；以便日本臣民往来侨寓、从事商业工艺制作。所有添设口岸，均照向开通商海口或向开内地镇市章程一体办理；应得优例及利益等，亦当一律享受：湖北省荆州府沙市，四川省重庆府，江苏省苏州府，浙江省杭州府。日本政府得派遣领事官于前开各口驻扎。第二，日本轮船得驶入下开各口附搭行客、装运货物：从湖北省宜昌溯长江以至四川省重庆府，从上海驶进吴淞江及运河以至苏州府、杭州府。中日两国未经商定行船章程以前，上开各口行船务依外国船只驶入中国内地水路见行章程照行。第三，日本臣民在中国内地购买经工货件若自生之物，或将进口商货运往内地之时欲暂行存栈，除毋庸输纳税钞、派征一切诸费外，得暂租栈房存货。第四，日本臣民得在中国通商口岸、城邑任便从事各项工艺制造；又得将各项机器任便装运进口，只交所订进口税。日本臣民在中国制造一切货物，其于内地送税、内地税钞课杂派以及中国内地沾及寄存栈房之益，即照日本臣民运入中国之货物一体办理；至应享优例豁除，亦莫不相同。嗣后如有因以上加让之事应增章程条规，即载入本款所称之行船通商条约内。

开始逐渐扮演更加重要的角色。

这一时期更为重要的特征是，清政府面临着财政难以支持的赔款要求，巨额赔偿彻底打破了中国国际收支平衡。1895年中日《马关条约》签订，其中2亿两赔款使得清政府的财政收支彻底失衡，不得不举借外债。此前，清廷也面临赔款压力，但是两次鸦片战争的赔款总额在政府财政预算可承担范围之内。《南京条约》赔款折合白银1470万两，中方实际支付1476万两，分四年还清，1842年还款420万两，1843年420万两，1844年350万两，1845年280万两[①]。《北京条约》于1860年签订，中国赔款总额白银850万两，其中1860年支付83.33万两，其余由关税抵扣，为关税总额的20%[②]，这两次赔款没有靠举借外债，对于国际收支表没有重大影响。1894年之后，国际收支表的资本项目开始变得复杂，一方面，由于《马关条约》和《辛丑条约》的签订，清廷增加了诸多国际负债；另一方面，大量外资企业入华，涉及大量外来资本流入和利润转移，资本和金融账户的规模不断扩大。随着国内开放程度的提高，华侨的国际汇入也不断增加，逐渐成为对经常账户影响深远的因素。《马关条约》之后，资本

---

① 根据中英《南京条约》整理。
② 根据中英《北京条约》整理。

和金融账户对国际收支的影响进一步加大，成为国际收支中非常重要的组成部分。

我们将鸦片战争之后清朝国际收支中的经常账户、资本与金融账户的规模变化趋势展示如下。

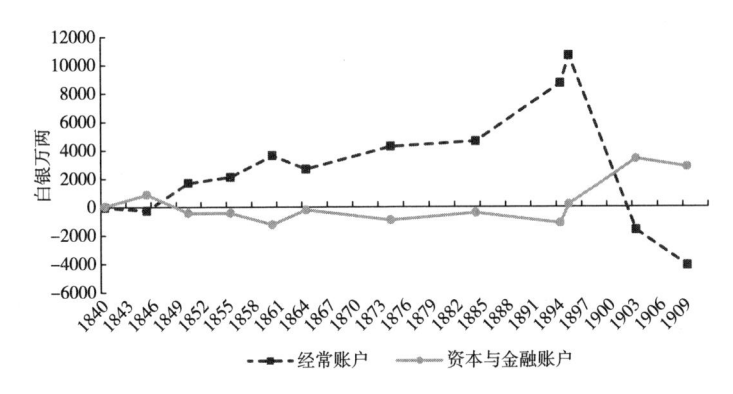

图 4-1　1840—1909 年中国经常账户、资本与金融账户规模变化

资料来源：1895-1936 年之间中国国际收支数据主要来自海关《关册》，郑友揆《中国的对外贸易和工业发展 1940-1949》，杨端六《六十五年来中国国际贸易统计》，徐义生《中国近代外债史统计资料》，吴承明《帝国主义在旧中国的投资》，日本东亚研究所第一调查委员会《支那的贸易外支》，陈争平《中国国际收支研究》

鸦片战争之后，中国国际收支呈现新趋势。首先是经常账户的丰富和拓展。1840 年以后，经常项目整体呈现顺差，之前经常项目主要受进出口影响，而这一阶段，其他国家的机构和个人在华开支逐渐增大，对经常项目的改善产生影响。随着开放程度的提高，海外侨汇逐渐成为重要资金来源。从

19世纪60年代之后，侨汇资金流入在绝大多数年份已经大于净出口。同时，随着外企对华办厂逐渐开放，越来越多的外资流入国内，短期内带来了资本与金融账户规模的扩大，但1895年后，经常账户中的初次分配经常为负，说明这一阶段的海外投资离开国内，没有形成进一步的资本积累。20世纪初，在清王朝的最后几年，外贸逆差扩大，经常项目出现了大额逆差。从贸易结构看，这一时期五金、机械、初级化工用品的进口规模逐渐扩大，对大型重工业机械的进口也逐渐增多，白银外流的主要原因不再是鸦片贸易，而是这一时期国内近代化进程加快与自身制造业产能不足的结果。

这一阶段，资本和金融账户同样出现了新趋势。资本和金融账户的内容不断丰富，外债持有、跨国投资等项目渐次入表。从1850年到1894年，外来投资逐渐增加，1860年大约为260万关两，1894年甲午战争前夕达到1441万关两，《马关条约》签订之后的第一年，达到了3762万关两，这一规模一直保持到了清王朝结束。但是如前文所述，甲午战争之后外来投资的增加并未改善经常账户的逆差，外资企业在华利润被转出，未能在国内形成新的资本积累。

总结而言，这一时期随着中国对外开放程度不断提高，影响经常账户规模的因素变得更加多元，单纯的贸易对于国际收支的决定性影响地位下降，服务以及其他科目带来的收入不容小觑。鸦片战争前后，中国货物科目之下鸦片进口构成了大规模的支出，对整个经常项目产生的影响很大。而服务等其他科目的收入不断扩大，则在一定程度上改善了长期以来鸦片贸易造成的经常项目逆差格局。中国在国际债务和国际投资的驱动下，资本和金融账户规模扩张，内容丰富，但是在缺乏有效资本账户管控和平等商贸合作的情况下，资本和金融账户的扩张并没有转化为经常账户的收入。虽然这一时期中国经济规模不断扩大、与世界的联系不断加深，但是无法否认，在重要经济主权缺失情况下的繁荣十分脆弱。晚清最后几年，进出口的颓势带来的国际收支恶化一直影响到民国。

（三）二十九岁的三品顶戴：赫德与中国海关

唐宋以来，科举是中国古代读书上踏入仕途的必由之路，常言"三十老明经，五十少进士"，年近半百进翰林院，也算是年轻的。纵使进了翰林院，也大多是从七品的翰林院编修做起，要成为三品大员，除非圣恩隆眷，或者功业奇伟。而在1864年，同治皇帝下诏，给一位年轻的英国人加按察使衔，为正三品。这个英国人叫罗伯特·赫德，刚刚29岁。整个帝国没有人会料到，就是这样一个青年，几乎改造了整个帝国的海关，并成为染指晚清军国要务的重要人物。

除了三品顶戴之外,赫德还有一个最重要的身份:海关总税务司。咸丰四年(1854),小刀会起义,英法美等国驻上海领事趁上海海关暂时停办之机,与时任上海道台的吴健彰签订海关聘用外国人工作的协定。并由三国分别选派一名代表为"司税"。此后相当长一段时期内,中国的海关都归于外国人的管辖之下,其中以英国人李泰国与赫德的影响为甚。

随后不久一月,上海便成立了新的海关。咸丰八年(1858),两江总督、钦差五口通商大臣何桂清改"司税"为税务司,任命李泰国出任。同治二年(1863),李泰国因故被撤职,英国人赫德取而代之,担任总税务司长达45年之久,直到光绪三十四年(1908),才离职返英。赫德在任期间,总理衙门颁行了由其拟定的《通商各口募用外国人帮办事务章程》,并引进了英国的文官制度,制定海关规章、征税规章等,推动了中国海关的发展。

赫德虽然是英国人,但是对于汉语和清朝礼仪十分熟稔,得到了奕䜣的赏识。1863年,赫德接任海关总税务司,成为清廷重要的官员。赫德到来之前,中国的海关管理延续旧制,几乎没有统一明确的记录模板,关口的出入验收十分粗糙,官府的工作人员十分腐败,关银的征收完全由办事官员把持,所保留的零星数据也有很大捏造的成分。在很长一段时间,海关是满朝文武心知肚明的肥差,关于海关职位的争夺关联

第四章 "最好且最坏的时代"：帝国金融的繁荣与萎缩

到政治派别内部小金库的大小。在这种情况之下，海关几乎没有多少可为清廷留存的盈余。赫德到来之后，他将原来各自为政、隶属关系混乱的海关全部由总税务司领导，建章立制，按章征税，简化各口税务司简化海关办事程序，通过高出清廷同等官僚数倍的薪俸吸引优秀的海关治理团队，使海关成为帝国效率最高的机构之一。1861年，整个清朝海关税收约为500万两，而到1887年，海关税收达到2000万两，占清廷财政收入的1/4。

然而，无论外国人对于关税的管理有多少效率改进，我们仍需认识到此时清廷治理权力在财政税收领域的萎缩。从赫德在晚清的一系列工作来看，除了尽职尽责完成好海关工作之外，他同样站在多重立场干预清帝国的政治和外交，在当时一系列重大外事谈判中并不总是真诚地代表清廷利益，但即便如此，清廷也很难下定决心让赫德离开，因为他执掌之下的海关的确清廉高效，而举目四望此时的清帝国，没有一位蓄着长辫的人能堪此任。赫德的出现本质是技术官僚匮乏造成的主权让渡。他之所以能够执掌中国海关将近半个世纪，核心在于现代化的治理架构在这一段历史时期出现了真空。

1908年，赫德卸任返回英国，并于1911年辛亥革命前夜去世。他的身影伴随着中国最后一个帝国的最后一程，他的传奇故事如今想来的确令人唏嘘。

泱泱大国，亿兆斯民，竟在半个世纪的时光里，找不到一个管家。

二、抱着金砖沉没：货币主权的被动沦丧

（一）白银瓦解了帝国：货币主权的逐渐松动

对金融活动的管理是国家主权的表现之一，货币管理是金融管理的重要内容，不掌握货币管理权的国家，很难说能够掌握经济自主权。正如前几章所讲，中国政府对于金融活动的干预是不断深化的，一方面不断将民间的金融活动纳入政府可以管理的范围之内，另一方面也不断提升政府对于货币等领域金融活动的治理能力。宋朝时，政府甚至从监管者转变为参与者，利用金融市场为自身需求融资。到了元朝，纯纸币社会的出现将中央政府金融干预能力推向了中国古代历史的巅峰，而之所以能够发生古代史上最严重的通货膨胀，其实也说明了政府对于金融干预的能力已经空前巨大了。

我们可以看看，当中国历史踏入明朝之前，政府对于货币的控制已经达到什么程度：货币铸造所需的贵金属是专营的，铸币的机构要么是集中于皇都，要么是皇帝钦定许可，不同币种之间兑换比率由国家确定，非法定货币的流通被明

令禁止，钞票的印制和发行积累了丰富的经验。明朝之前，中央王朝对于货币完整干预和影响体系应该已经顺利完成了。这也是为什么进入明朝之后，洪武皇帝极力支持发行钞票，因为经历了元朝统治的明太祖是见证过钞票稳定发挥作用的历史时期的。如果说这个时候政府对于货币的干预还有什么需要补充和增强的，可能也就是货币管理的理论和经验了，虽然到后来这一点反而成为制约中国金融治理的最短板。

那么白银的大量涌入并逐渐跻身于常用货币，且在明朝的中后期成为政府征税的上缴货币，这对政府而言意味着什么呢？第一，白银的供给几乎是外生的。中国自古就不是产银国，国内白银总量的短时间波动主要受进出口的影响。这意味着国内市场的白银数量很大程度上由国际贸易的情况决定，中央政府逐渐失去了对货币流通总量的直接控制。第二，白银并不是铸币，而是称量货币，称量货币意味着白银的货币价值完全由银金属本身的重量和成色决定，政府不能像对待铸币一样给白银进行定价，这也意味着官方逐渐失去了对币值的法定控制权。第三，有利于中央铸币体系之外的白银给原有铸币系统设定了一个价值锚。当政府面临财政压力需要适度超发货币时，银钱的比价会灵敏捕捉到钱币购买力的变化，大量铸币会兑换为白银以对抗通胀，钱币购买力下降，政府的货币政策失效。第四，税制等体系以银两为基础，当白银供给出现冲击时，银钱比价的变动会直接传导到社会最基层劳动者，增加了社会不稳定因素。

此时的白银就像从海外来到国内的一根标尺，站在政府一旁对中国的金融活动指指点点。不可否认的是，这种近乎外生的货币让中央政府无法为所欲为地使用货币政策，对于稳定货币体系有好处。但是一旦白银的供给发生了变化，对于国内的影响就很大。例如19世纪30—50年代，鸦片涌入带来的白银外流就使得国内出现了银贵钱贱的现象，农民手中的谷物换来的铜钱能够兑换的白银越来越少，而以白银征收的税额却岿然不动，大量农民因此破产。20世纪30年代，国际白银供给的波动直接传导到了中华民国的金融市场，引发了民国时期最大的一场白银风波。

白银涌入并逐渐变为货币还带来了一个弊端，就是货币主导权逐渐转移到了民间。大量白银的流入让民间的金融机构开始不断出现，一些金融机构从事汇兑、典当、信贷等金融业务，并且很大程度上能够决定市场利率、货币汇率等重要的金融定价。而中央政府对于金融干预的深化到这个时期似乎静止了，从北宋以来政府经历千辛万苦推动的金融治理下沉不仅没有更进一步，反而随着白银对钱币的替代而逐渐退缩了。这种金融"撤退"和财政规模制约下的王朝治理也形成了独具中国特色的"中央集权君主专制加基层乡绅自治"

的模式,这种状况在1935年法币改革之前一直没有实质改观。晚清之后,由于中国政府信用渗透和管理货币能力不足,白银的货币供给与信用创造仍由民间主导,而近代中国的币制变革,本质上是将货币主导权从民间收归政府,确立国家的垄断发行权和公共信用的过程。

如果我们现在回想,有没有更好的方式能够让中国很好应对白银货币化的趋势呢?方法其实是有的。要知道,中国并不是白银流入的唯一国家,以西班牙为代表的西欧国家也经历过白银的大量流入,但是其将白银同样纳入了铸币体系,官方收集,按规定铸造,政府从入口和出口端对白银的流量进行控制,而不是由通过海关之后的实物白银在市场任意流动。

那为什么明清政府没有想到将白银管理起来呢?王朝统治者的确动过管控白银的心思,但是白银的涌入与外贸密切相关,对银币的承认在政治上也包含了对国际贸易的认可,这是长期被海患困扰的王朝很难接受的。同时,铜是中国一直以来的主要货币形式,突然将另一种金属纳入官方的铸币体系中,统治者心中的治理担忧没有办法解除。

更重要的是,在白银大量涌入时,正值国内经济社会发展欣欣向荣,在王朝盛世的歌舞中,究竟有几个敢逆抚龙鳞的臣子,又会有几个能居安思危的帝王呢?

（二）"政府＋市场"的双本位货币政策

所谓"本位"，在货币领域指的是货币制度的基础或货币价值的计算标准。在称量的货币时代，货币金属本身就是本位，半两的铜铁铸币的价值几乎等于半两铜铁的价值。而在非称量的铸币时代，日常流通交易的铸币虽然不再以金属重量直接作为交易单位，但是其价值仍然在某种程度上与对应的金属合金质量挂钩。例如，十文钱之所以能够购买一支毛笔，是因为政府规定了十文钱能够兑现一定量的铜金属，而定量的铜金属与毛笔的价值相等，进而形成了十文钱购买毛笔的底层交易逻辑。即使在有的朝代出现了各种形态的纸币，其本身也直接对应着定量的铸币，其购买力的基础归根结底仍然是铜等贵金属。在漫长的历史时期内，中国政府已经逐渐建立起了对铜等货币金属的垄断管理，并且对于铸造和发行进行了严格管控，因此对于以铜为本位的中国经典"钱币"货币体系而言，政府已经积累了诸多管理经验，形成了足够缜密和成熟的管理体系。

随着白银的大量涌入，中国货币市场的情况开始变得逐渐复杂。由于中国历史上一直少铜少银，国内的铜矿和银矿开采远远补充不了市场对货币的需求，因此从明朝中后期开始，中国市场上货币总量的变动主要是由进出口引起的。而

第四章 "最好且最坏的时代"：帝国金融的繁荣与萎缩

白银则是逐渐成为主要的流通金属，逐步填补了这一时期货币供给量的不足，从局部开始不断扩散成为日常流通的大额货币。明清时期，有朝议明确讨论要利用白银来补充铸币的不足，甚至明清政府都曾一度允许白银作为官方承认的税收支付手段，并且户部有明确的白银仓库，但是政府却没有对白银的来源、流通进行系统化的管理，虽然白银被官方承认，但是却没有办法进行有效管控。虽然白银与铸币相比在中国国内市场的主要活跃领域不尽相同，但是客观上两者是可以无阻碍地进行兑换，是毋庸置疑的被市场承认的货币。这样一来，白银作为被官方承认的、与王朝铸币能够自由兑换的流通货币，却没有办法像王朝铸币那样被政府进行完全管理。政府对于白银和铸钱比价的调整，其实是让铸钱的价格适应白银的市场价值，因为对白银总量政府几乎没有很好的管理手段。

总结来看，这一时期中国的货币市场施行银钱双本位的货币治理制度，其中白银的管理完全交给了市场，政府则牢牢掌握住铸币的权力，这种"政府＋市场"的双本位货币治理模式在全球治理史上都是比较罕见的。西欧大陆在这一时期使用的是金本位或者金银双本位，并没有形成诸如中国政府的严格的铸币管理体系，货币运行主要依靠的是市场调节，国际之间的货币价值差会通过贸易往来抹平，不同币种之间的价格受市场而非政府影响。究竟哪一种货币制度更好，从日后的发展看，不同的经济规模和发展模式之下，我们很难对制度优劣形成统一的价值判断，金本位之下的西欧和银钱双本位之下的中国都经历了各自货币体系带来的危机。但是如果纵向对比政府对货币治理的干预程度，明朝中后期开始，随着新的不受政府管控的新货币出现，政府对于金融市场中的货币治理出现了松动，市场力量的不断苏醒既给这一时期的中国社会经济发展带来了新的促进因素，同时也为后来中国政府金融干预的软弱埋下了伏笔。

三、夕阳余晖：帝国政府最后的币制改革

（一）谁在流行：清季国内的货币市场

货币是主权的重要表现形式。在中国上海几乎所有日常商品都用人民币标价，正如在美国旧金山日常用品都用美元标价一样，这种与属地密切挂钩的货币单位形式如同春夏秋冬一般自然顺遂。殊不知，让一个价值符号在广袤的国土上流行，背后需要的是多么高级的智慧和强大的力量。

中国有着悠久的中央集权君主专制历史。正如前面的章节所说，中国在很早的时候就已经形成了官方主导的铸币系统，并且随着政府金融干预程度的逐渐加深，官方货币形态

第四章 "最好且最坏的时代"：帝国金融的繁荣与萎缩

不断调整。宋元时期，随着纸币的大规模运用，货币总量大幅度增加，王朝货币流入了全国经济的毛细血管中，成为最重要的价值尺度。然而，明朝中后期以来，随着白银的大量流入以及本土其他金属货币的总量不足，白银从一开始的结算工具逐渐演变成了流通工具，随着张居正以来的政治家不断对王朝财政进行货币化改革，白银在中国经济中的地位更是不断地提升。但整体来看，这一时期在中国国内市场上流动的白银仍是以碎银形态出现，或者由政府将碎银熔铸成为固定规格的纹银、元宝等，虽然白银的来源已经完全外生了，但是进入国内之后仍然存在形式上的官方化和规范化过程。到了清朝中后期，随着国际贸易的逐渐拓展，在东南沿海的贸易港口开始出现了诸多外国银币。这些货币外形精美，规制标准，成色统一，在广东、福建等地迅速扩展开来，并不断向北和内陆腹地深入。到了清末，中国经济发达省份中的主要流通货币已经成为外国银元，王朝货币则因为铸造成本过高、管理体系冗杂、成品质量参差等原因逐渐被赶出了曾经广泛流行的地区。所以如果回到150年前的上海，手里的乾隆通宝远不如墨西哥银元受欢迎。

在中国地界上最先开始流行的是西班牙银元。早在鸦片战争前夕，国内已经开始大范围流通洋钱，19世纪40年代之后，国内外贸易窗口进一步打开，外国银元从通商口岸沿着水路和陆路航道一直蔓延到国内，西班牙银元在这一时期首先进入中国沿海。这一时期的小说中，总能够看到一个货币单位"本洋"，指的就是西班牙银元。西班牙银元是1535—1821年在西班牙铸造，银币重量稳定，并且做工精美，与传统的银两称重货币相比更加易于接受，因此迅速流行开来了。铸造这些银元的白银大部分来自南美洲银矿，西班牙在大西洋地区和太平洋西岸有着广泛的影响力，白银从墨西哥出发运往西班牙，经西班牙铸造成银币后前往亚洲采购商品。

1821年开始，墨西哥脱离了西班牙统治，由于国内本来就有大量的银矿，同时也积累了深厚的铸币技术传统，因此开始大量铸造银币。这就是后来对中国影响深远的"墨西哥银元"。由于银元上有鹰的图案，因此流入中国后被称为"鹰洋"，而此时持墨西哥银元与中国人交易的主要贸易商很多来自英国，因此墨西哥银元又被国人称为"英洋"。英洋的广泛流入对中国社会经济产生了很大影响，此前，国内的白银主要以称量货币形式出现，每次交易要进行成色对比、称量、切割，银元的出现使得白银有了标准化的传播单位。在辛亥革命前夕，清政府度支部调查显示，国内的墨西哥银元大约1亿元，在当时全球第五、中国最大的城市上海，墨西哥银元已经取代了清王朝的铸币和白银，成为主要货币。

外国货币在中国的流行也让清政府提高了警惕。在白银广泛流通的时期,虽然朝廷部分有识之士提出了强化货币管控的建议,但主要出发点仍然是提升国家对货币流通领域的管理质量。当印有其他国家图案、制作精良的银元涌入中国市场时,当朝统治者面对的冲击是截然不同的,关于货币主权的讨论开始漫布于朝堂。时任两广总督张之洞九次上报朝廷,"窃惟铸币便民。乃国家自有之权利,铜钱银钱,理无二致,皆应我行我法,方为得体"。中央同意了张之洞的提议,以清朝政府为主导的银币铸币工作在全国范围内展开。1889年,广东省开始购办外国机器铸造银元,随后各个省份均开始铸造本省的银币。

从历史潮流来看,铸造银币本身是大势所趋,没有什么问题。但在当时特定的时代背景下,中央政府财政货币能力都较为孱弱,难以统筹各地银币铸造的标准和规模。掌握了货币的铸造权,就可以通过调整铸币的面值和成本征收铸币税,实际上扩大了地方政府的金融财政权力。清廷中央后来也意识到了这个问题,希望将铸币权归拢到中央,要求一出,便遭到诸多地方大员反对,最终只得对地方铸币听之任之。在19世纪末,中央政府虽然采取了一系列措施尝试将银币治理纳入王朝管控之下,但是清政府起步太晚,铸币规模不足,加之国内不同区域的银币铸造规制和成色也不统一,所铸银币大多只能在区域内使用,便利性和可靠性与西班牙银币、墨西哥银币仍有较大差距。

从明朝中后期开始,白银不断融入中国的货币体系,逐渐自下而上形成了对中国社会经济产生重要影响力的金融力量。从常理上讲,蒙元前中期成熟的无限法偿的纸币政策应该会有很多货币治理的经验被记忆和传承,但是恶性通货膨胀的出现让社会对纸币的恐惧始终在萦绕,而明初不那么合理的货币政策不仅没有挽救已经出现巨大问题的传统铸币体系,而且让纸币的实践没有正确继承。历史的吊诡之处在于,恰恰是这一时期,中国开始与西方的贸易版图密切接壤,大量白银浪潮般涌入明帝国,在虚弱和迷茫的货币市场上横冲直撞。客观上讲,白银进入中国极大地缓解了长期以来中国铜产量不足带来的货币饥渴,明朝中后期开始,江南手工业无论是产业规模还是产业组织形式都出现了不同于前朝的重要变化,大型民间金融机构不断出现,货币化的白银在其中发挥了重要作用。更为重要的是,虽然白银的价格也存在波动,但是其来源外生,导致白银相对于王朝铸币和纸币更为稳定,当统治者开始滥发货币时,银钱比价就会立即出现变化,人们更愿意持有白银,铸币的流通就会受到影响,白银成为政府货币政策的监督员,无论人们对白银在中国的货币化有何种看法,现实情况却是,明朝中后期以来,中国再也没有经历恶性通货膨胀,即便出现了短暂的铸币超发,滥币也很快被白银取代而退出流通市场。因此，对于货币治理经验不足的政府来说，外生的白银会克制政府超发货币的欲望，但也给政府的货币政策牢牢地戴上了紧箍。

孩子长大时，曾经的摇篮便成了枷锁。

（二）咸丰的倔强：帝国时代最后的通胀

咸丰皇帝是中国历史上最后一个掌握实权的帝王。虽然在位时间大约只相当于其父道光皇帝的 1/3，这短短的 11 年中却经历了诸多的大型事变。1850 年到 1861 年之间，这位 20 岁就登基的皇帝统御的是这样的帝国，江南地区太平天国已经占据了大半个天下，英法联军二次侵华，万园之园的圆明园被彻底焚毁，清廷与英、法、俄签订了《中英北京条约》《中法北京条约》《中俄北京条约》，并批准了中英、中法《天津条约》，少年天子自己则热河北狩，并最后客死异都。

无论从什么角度看，咸丰都不是一个有才能的皇帝，文治武功的才干甚至远不如其弟弟恭亲王奕䜣。但不能否认的是，咸丰帝确乎有着青年人的肝胆和气魄，在位期间推行了一系列广涉国计民生的重大改革，并且深刻转变了乾隆朝以来帝国治理的腐败风气，其中货币制度就是咸丰朝重要的改革领域。

道光帝统治中后期，距离第一次鸦片战争爆发已经近 10

年，鸦片走私导致了国内白银的大量外流，而国内特殊的白银与铸钱并行的货币体系则进一步放大了白银外流带来的货币危机。这一时期清廷是认可白银作为流通货币的，并且规定了白银和铸钱的比价为1两白银等于1000文铸币，同时清廷很长时间内只以铜为主要原材料铸造货币。这种货币体系短期看上去是稳定的，但是有一个重大的隐患，即白银和铸钱并非主币辅币的关系，其比价并非官方通过法偿等方式进行维护，而是受各自价值变动影响。举个例子，当前如果人民币升值，那么我们手中的100元人民币依然能够兑换100枚1元硬币，因为硬币是辅币，其价值与主币是完全绑定的，100元人民币无论升值还是贬值，都不会对国内不同币种之间的兑换造成影响。但是清王朝的货币体系更像是人民币和美元同时在国内流通，政府提供了一个兑换比例（比如1美元兑换人民币7元），但是政府无法控制美元的实际价值。当国内市场上美元减少，则人民币会迅速面临贬值。而如果此时国内在税收等重要领域的结算方式是美元的话，对持有大量人民币的人而言，赋税压力大幅度提升，这就使得国际货币波动直接传导到了国内的货币市场。这也正是道光、咸丰两朝面临的真实情况。大量的白银外流使得国内白银价格迅速提升，1840年之前，1两白银兑换1000文铸钱，而1843年，1两白银已经能够兑换2000文，大量持有铸币的百姓赋税压

第四章 "最好且最坏的时代"：帝国金融的繁荣与萎缩

力不断提升。

而与此同时，这一时期铸币的原材料铜的成本却居高不下。中国古代一直都不是铜矿富足的国家，铸币的成本经常与币值出现倒挂。到咸丰时期，铸造 1000 枚钱币需要 7 斤铜料，而 1000 枚钱币只能购买 2-3 斤铜，这就使得民间开始大规模将铜币熔毁套利。这样一来，咸丰年间，国内市场不仅白银总量骤减，同时铜币也因为价值倒挂而逐渐退出流通，整个社会出现了严重的通货紧缩，商品交换产生阻碍。

屋漏偏逢连夜雨。也正是在这个时候，太平天国势力不断扩大，定都南京之后，清帝国最为富庶的东南地区尽为太平天国掌控，南部的钱粮无法北运，而镇压太平天国需要大量军费，中央财政见绌。咸丰二年（1852），清政府决议采取通货膨胀的方法为内战筹措资金。4 月初，咸丰皇帝下令户部发放纸币；月末，命令户部开始铸造不足值的大额钱币。咸丰朝"货币改革"拉开了序幕。

读者对于发行宝钞官票等"类纸币"的形式应该比较熟悉，其实纸币本质也是不足值的大额钱币。按照咸丰朝的想法，通过发行纸币和大面额硬币，可以降低发行货币的成本，使得发行货币对国家而言更加有利可图，当铸币成本得到很好控制时，理论上说面值更大的铸币收益会更多。从学者统计的这一时期实际情况看，铸一枚千文面值的铸币，其收益大约是成本的7.8倍，五百文面值铸币收益是4.6倍，百文面值铸币收益为1倍，五十文面值铸币收益是0.56倍，而十文面值的铸币则会亏损0.29倍。正因如此，朝廷开始大量铸造大额铸币，1853年至1861年之间，中央户部共铸造相当于826万两白银的货币，这还没有将地方铸币算在其中。

然而，随着大钱总额的不断扩大，官方对铸钱的质量把控逐渐下降，不仅成色不断变差，而且难以杜绝假币的出现和传播，不久大钱就开始进入了贬值通道，1000文的大钱仅能相当于300文左右进行市场交易，到了1859年，大钱更是"以十当一"，到了后来，人们干脆不再使用这种大面额的货币，城乡粮食交易几乎停止了，货币问题最后转化为社会问题。

官票和宝钞的发行与铸钱如出一辙，起初，朝廷大臣也提出了准备金的思路，将一定金额的白银作为官票和宝钞的发行准备。但是从最终发行的结果看，咸丰朝的官票和宝钞都是不兑付的银票。在推行之初，官方标明以国家信用背书，并且采取了诸多手段确保官票和宝钞与白银一样流通。但是由于发行过滥，官票和宝钞逐渐失去了市场信任。咸丰四年（1854），北京市场上1000文的宝钞只能相当于400文左右进行交易，甚至基层政府已经不再将宝钞作为足值货币了。

与货币滥发对应的是物价的快速上涨，在咸丰统治末期，

第四章 "最好且最坏的时代"：帝国金融的繁荣与萎缩

诸如香油、茶叶、煤块、猪肉等产品的价格上升了3-8倍不等，社会治安事件层出不穷。而与物价上涨相对应的却是大量的铸币退出流通市场，形成了物价层面通货膨胀和社会交易层面通货紧缩的罕见现象。1862年底，户部宣布中央来年的税收一律停收钞票，标志中央放弃了钞票制度，咸丰朝币制改革彻底失败了。

回顾这段历史可以发现，战争开支巨大——大量发行货币——物价疯涨货币贬值——社会动荡改革失败的循环总会频繁出现，究其根本，是因为历朝历代货币政策都有一个核心矛盾没有解决：货币的信用属性。铸币在承担价值符号的同时，本身就是真正的金属，也具有金属本身的价值。如果以其所代表的金属价值进行交换，则本质上仍然类似于以物易物。若成为符号货币，则必须暗含一定的信用成分，即铸币面值与实际内在价值的差额。遗憾的是，虽然铜钱一直是传统中国历代政府所铸的国家铸币，但也没有真正发展成为名目化的铸币，因此当铜钱价格偏离生铜价格时，私铸和私销便随之而起。在改朝换代后，前朝的铜钱通常无须改铸就可以继续流通，这说明铜钱的价值几乎不包含发行者的信用成分，这也导致政府从赚取收益角度考量缺乏铸币动力。

那么，为什么中国始终没有发展出信用货币呢？其实也不能这样一概而论。中国在宋元明清都发行过纸币，其中宋、元时期的官方纸币发行在很长时期内都非常成功,明、清两朝国力也未尝不强盛,国家信用也未尝不坚挺,为什么信用货币的尝试屡屡失败呢?归根结底,还是与中央政府在进行货币制度改革过程中的节奏感和分寸感有关,百姓相信国家会长治久安,但是未必相信政策会一成不变,得不到市场的信任,自然也得不到市场的金融资源,所以国家信用的确立一定是长期博弈的结果。这个道理说起来都懂,但从后来的历史进程看,做起来很难。

我们把镜头拉回到咸丰,这个年轻的、经历了无数波折的皇帝,他敦厚、勤勉、兢兢业业,为了帝国的荣辱操碎了心,但是,在历史薄薄的史册里,没有人会有耐心地欣赏一个帝王的勤奋,大家急于翻阅的就是最后一页的结果。所以,他远远不是雄主,更像是崇祯。

(三)精琪与张之洞:货币本位就是国之本位

中国在漫长的历史时期内形成了银钱并用的货币体系。随着时间的推移,白银在中国货币市场的地位不断提升,在经济发达的东南沿海以及重要的内陆城市中,白银已经成为主流交易媒介,并且成为国际社会与中国进行商贸往来的主要结算单位。虽然清政府并没有明确国家的货币体制为银本位,从货币操作实务上看,晚清时期的大清帝国是一个名副其实的"白银帝国"。就是这样一个庞大的白银帝国，在19世纪的最后10年出现了巨大的危机。

危机的肇始就是白银的变动。19世纪70年代开始，世界主要工业国家先后完成了金本位制改革，黄金作为诸多国家的官方储备货币价格不断提升，金银比价产生了剧烈变化。1871年到1910年，全球的银价下跌了53%左右。如果仅从中国国内社会经济看，国际市场白银价格的下跌对国内商品交易的影响十分有限。若将视野放诸全球，作为本币的白银价格下跌反而会提升国内产品的出口竞争力，未见得是一件坏事。但当时清廷面临的国际环境远比想象的复杂，其中有一个决定性的因素极大地放大了银价下跌的影响——赔款。

《马关条约》和《辛丑条约》之后，清政府背负了巨额战争赔款，虽然在条约中赔款是以银两计价，但由于赔款数额巨大，清政府不得不向外国银团举债，而外债的结算统一以英镑计，英镑却是和黄金挂钩的。这样一来，清廷的战争赔款需要经历两个步骤，第一，先从外资银行借出英镑用以偿还等量白银的赔款；第二，每年定期用国内新收入的白银偿还外资银行的英镑债务。当银价出现下跌时，每年需要偿还的英镑数额对应的白银数量会增加，但是清廷每年的白银收入却相对稳定，增幅很难抵得过银价的降幅，直接导致政府肩上的负债压力增大。仁人志士们都在思考，如果清廷主要流通的货币都是与黄金挂钩的，国内的收入均以黄金计价，则银价的变动就不会传导到以黄金为标的的国际结算中，清廷就不再会蒙受汇率波动带来的巨额损失。

1902年底，清政府指示驻美代办沈桐，与用银国墨西哥商议，寻求美国帮助以稳定银价。1903年1月22日，沈桐照会美国国务卿，提交备忘录，正式请求美国政府出面帮助稳定金本位国家与银本位国家之间的货币比价。1903年9月，国际汇兑委员一行自欧洲返回后，美国政府最终任命精琪为赴华"会议货币专使"。精琪是美国一位财政和货币问题专家，除在大学任教外，在美国政府多个部门和委员会兼任专家或委员，他参与了美国及周边国家的金本位改革，并在来华之后帮助清政府制定推动中国金本位改革的方案。其主要的措施包括厘定金银的比价为1∶32，明确国内金银货币的规格，规范银元和辅币在市场的流通。客观上看，这些举措是十分标准的金本位改革举措，但是除此之外，精琪还建议"中国办理此事，应派一洋员为司泉官，总理圜法事务"。这些要求的提出立刻引起了清廷的警惕，因为其中涉及了与货币主权相关的重要人事安排。而地方大员则紧紧咬住这一点不放，希望能够全盘否定金本位的推行，湖广总督张之洞就是重要的代表人物，其实，张之洞主张保持货币现状，维持银钱体制。光绪十三年（1887）张之洞上《奏请

第四章 "最好且最坏的时代":帝国金融的繁荣与萎缩

仿铸银元折》,并于两年后首铸银元。在光绪三十年(1904)八月十六日所上的《虚定金价改用金币不合情势折》中,逐条反驳精琪的改革方案,并直接点明"哈我以虚无铸头之利,则夺我实在财政之权",但是从其具体的辩驳理由看,很多似乎并不成立,梁启超就曾评价张之洞的辩驳之言十分外行。

那么,身为湖广总督、洋务派领衔人物的张之洞,是真的不了解金本位的重要意义吗?从后来看也不尽然。不仅是张之洞,清廷的金本位改革自提出之时就遭到了大量封疆大吏的强烈反对。其反对的深层原因并非全是对于金本位持有不同的看法,而是此时清廷已经将银币的铸币权下放至各省,银币的铸造给地方带来了大量的收益,但是金本位的推行会将货币的发行权力收归中央,地方便无法征收铸币税,这也是地方对中央要求极力抵制的核心原因。后来在央地各方的博弈之下,金本位以及金汇兑本位没能够最终推行,取而代之的是这种银本位制度。宣统二年(1910)颁布《国币则例》二十四条,"中国国币单位,著即定名曰圆。暂就银为本位,以一圆为主币,重库平七钱二分。另以五角、二角五分、一角三种银币,及五分镍币,二分、一分、五厘、一厘四种铜币为辅币。圆角分厘,各以十进,永为定价,不得任意低昂。著度支部一面责成造币厂迅即按照所拟各项重量成色花纹，铸造新币。积有成数，次第推行。所有赋税课厘，必用制币交纳，放款亦然"。从内容上看，《国币则例》终于明确了银本位制度。但是这个时候的清廷早已经风雨飘摇，不仅中央缺乏推动银本位制度贯彻落实的财力基础和制度准备，地方自资政院改革之后，经济治理的权力也归属地方，《国币则例》也最终不过是一纸空文。

公允地说，对于货币本位制度的关注是中央政府金融干预史上的一次重要进步，是在白银涌入中国市场、政府对货币管控权崩坏之后的一次主动重拾。但是从实际效果上看，政府重新实现对货币的管控还有很长的道路要走。在这一阶段，孱弱的中央政府没有办法统一铸币权，便没有办法真正地控制货币规模、规制、规则。而内忧外患之下的币制改革还要时时面对国际金融市场的冲击。退一万步来讲，即便银本位在宣统年间成功推行，也没有办法从根本上解决国际结算的镑亏问题，汇率风险仍然是悬在政府头上的达摩克利斯之剑。这一时期阻碍政府进行金融干预的对手不过是政府内部的治理结构以及国际政治环境和局势。如果说得时髦一点，是 B 端的问题阻碍了政府对货币的干预，而 B 端的问题只是阻碍金融干预的冰山一角。

真正的阻碍在 C 端：如何统一货币市场的各类受众，其实是决定政府金融干预的深度和广度的核心。《国币则例》颁布一年半之后,大清帝国仿佛在一夜之间分崩离析了,但是即将登场的新的中央政府实现金融管理雄心的挑战,还远远没结束。

第五章　从晚清到民国：中国金融干预模式的近代化

我们从这种演变中能够察觉到的是传统中国政治文化中对于稳定的向往，以及对于新的国家治理领域和治理对象出现时的谨小慎微。

提及清朝的金融发展，可能大部分人想到的是当铺、票号、钱庄等传统金融机构的形象。事实上，恰恰是清朝晚期以来推进的一系列金融改革开启了中国现代金融的先河。从清朝到民国期间，中国国内的新式金融机构不断出现，上海也是在这个时期成了远东金融中心，此时中国政府面对金融治理出现的变革可能比影视作品的刻画更加敏锐，在大量开明官僚的支持之下，政府开始了大刀阔斧的金融改革。

从宏观视角看，清末到民国是中国政府从古典金融干预方式向现代化金融干预方式转型的重要历史时期。这种转型主要体现在三个层面。第一，对于传统"量价双控"渠道的精致化和精细化推进，主要表现在管控方式更加精准，管控路径更加直接，其具体形式就是现代化的金融机构逐渐建立。第二，财政国家的出现使得这一时期政府与金融领域有了更加深切的业务接触，而业务接触的过程增加了政府与金融机构的互动。第三，出现了真正意义上现代化的金融机构，政府逐渐形成了对金融机构强有力的管控。

一、惊蛰：民间金融机构的量变和质变

所有变革的开启往往不是轰轰烈烈一蹴而就的，而是在看似一成不变的旧框架下不断积累量变。中国近代以来的金融变迁肇始于传统金融机构的变化，传统金融机构在漫长的历史时期随着金融业务的消长而不断微调着自身的职能，最终曾经的主营业务不断被替代或迭代，形成了与最初大相径庭的金融业务布局。

（一）官票局：分布式央行及其流变

虽然历代中国政府对于金融机构的管理方式和管理深度有所不同，但是金融管理机构都是客观存在的。南宋以来的各朝政府都曾经尝试以国家信用为基础发行纸币或不足额的硬币，由于缺乏对货币管理的深刻理解以及王朝统治者本身的超发倾向，国家背书的纸币大多以通货膨胀带来的信用丧

失而终结，但是如果将纸币使用的时空区间拉长，我们会发现恶性通货膨胀虽然对货币体系伤害深远，但是其爆发的时期非常短暂，一旦出现较强的通胀预期，纸币就会迅速脱离交换领域。换言之，在纸币通行期间，币值稳定或者温和通胀的时期占据了主流。而官票局就是在纸币流通的温和期间政府进行货币管理的工具。

官票局的主要作用在于解决流动性问题。清朝中后期，部分大型城市或者港口交易额不断扩大，官票局则在这些城市承担了发行和兑换官方纸钞的作用。官票局可以以自身的白银和官方货币作为准备，发行纸钞，通常情况下，纸钞只能在区域内流通。在晚清之前，官票局实际上起到了"分布式"中央银行的作用，中央对于官票局的统筹能力很弱。

19 世纪 60 年代以来，随着洋务运动的开展，国内初步的工业化建设开始起步，社会信贷需求开始逐渐提升，单笔信贷额度逐渐增大，以典当、钱庄为主的金融机构不能满足社会的金融需求。此时，官票局开始开展信贷业务，其信贷的对象不仅是政府，民间的农业、手工业、工业贷款也开始诉诸官票局。这种变化给官票局带来了两个重大影响，第一，官票局开始出现盈利冲动，存在超发动机；第二，国家信贷迅速渗透到了民间，形成了自北宋王安石变法以来一千余年的政府对民间的金融深化。

（二）钱庄：信用创造的时代主角

钱庄是中国最传统的信贷机构之一，在清朝中后期，钱庄的金融作用主要集中在两个方面，贷款和结算。从钱庄的实际经营情况看，其贷款发放有显著特点，即以信用贷款为主。近代多个港口开埠以来，大量国际贸易面临着大宗商品的交割，钱庄同样提供信用凭证和担保业务，同时对于银两和银元汇兑能够产生重要影响，从中收取汇兑差价。这两项业务构成了钱庄的主要收入来源。

细心的读者可以察觉，钱庄业务模式的存在从一开始就有明显的问题，即信用贷款特别是大额信用贷款是主要的信贷模式。而抵押贷款则主要由典当机构发放，但是典当机构往往发放的是小额贷款。这造成国内金融机构出现了风险倒挂，涉款额度大的钱庄采用风险更高的信用贷款，而涉款额度小的当铺采用的是风险较小的抵押贷款。之所以这种情况长期存在，与中国传统的经济活动半径较小、人员流动性低、人情社会关系紧密有着重要的关系。

随着国内外贸易规模的逐渐扩大，市场信贷需求的不断增长，钱庄在19世纪中叶至20世纪20年代规模迅速拓展，迅速成为中国最重要的代表性民间金融机构，同时也出现了风险的高度积累和集中。在经历了几次大的国际金融危机和国内政策转变之后，钱庄迅速退出了历史舞台。

（三）票号：一纸风行天下

票号估计是这个时期最为读者所熟知的金融机构了。一直以来，票号的主要作用是国内汇兑，山西平遥日昇昌票号大厅的对联"轻重权衡千金日利，中西汇兑一纸风行"，是票号作用的重要写照。清朝中后期，票号虽由民营，但其承担了大量政府汇兑的需求，诸如清政府的大量税收上解、财政拨款、工资发放等都主要通过票号汇兑。随着汇兑业务的不断成熟和频繁，票号逐渐出现了票据业务的经营，大型票号的信用较强，其票据市场认可程度较高，因此逐渐在市场上流通，在大宗交易领域发挥了"类货币"的作用。

我们站在时代的节点上审视新旧交替时期国内的金融机构，发现一些明显的特点。第一，金融机构业务开始不断趋向复杂。第二，金融机构的业务开始不断向信贷业务拓展。第三，国家对于金融领域的集中统一控制职能开始逐渐趋向分散。之前政府对于货币铸造、兑换比例的控制似乎不断地松绑。

中国在社会治理层面的集权传统使得上述变化被统治阶层敏锐察觉，以国家为主导的改革开始启动。

二、从大清户部到中央银行

中国最早的银行是谁建立的？国家在其中扮演了什么样的角色？为什么这个时期要成立国家银行？国家银行起到了什么作用？这些问题与这一时期中国金融发展脉络有着密切的关系，通过回答这些问题，有助于我们更好理解当前以国有银行为主体的中国商业银行体系。

（一）朝廷的注目：国立银行之雏形

国家银行在这里指的是国家主导成立、由政府或政府的代表进行实际经营，用于服务国家治理目的的银行。从形式上看，国家银行首先仍然是银行，其基本主营业务与其他商业银行没有差异，但是因为国家的参与，其在具体的运行中也呈现出了显著区别于其他银行的特点。放诸历史来看，中国国内出现国家银行是早晚的事情，但是从其出现的具体时间与具体呈现形式看，国家银行在晚清的出现也是具有偶然性的。

首先，西方银行在国内的建立是重要原因。具备现代基本特征的银行机构在西欧的出现甚至可以追溯到15世纪，而在19世纪中叶清廷开埠后，大量的外资商业银行集中分布于香港以及上海的租界中，这些银行的业务同样面对中国人开放，并且在一些领域与中国钱庄和票号出现了竞争。在与外资银行不断接触的过程中，国内对于外资银行的业务开展以及管理模式的了解逐渐深入，从中学习到的国家金融管理制度经验也开始引起统治阶层和社会的重视。截至中国第一家内资银行——中国通商银行——的建立，中国人已经近距离观察了外资银行半个世纪。

其次，中央政府刚性开支激增是直接原因。19世纪中叶以来，在自然灾害、国内战乱、国际赔款等因素的作用下，政府财政收支平衡难度不断增大，清政府一直在尝试运用不同的手段解决政府财政问题，但是通过国家负债来增加财政收入的方法一直以来备受顽固派抨击。中日甲午战争失败之后，赔款额度巨大，朝野就通过开设国家银行管理金融、解决财政问题终于达成共识，于是才开始有了成立国有银行的尝试。

最后，工业化的金融需求是本质原因。19世纪60年代以来中国先后以重工业和轻工业为着力点开展洋务运动，国家主导之下的国有企业建设有着庞大的资金需求，这些需求仅通过户部划拨难以满足，而同期社会资本松散，传统金融机构难以对大型企业进行实质支持，社会招股吸收资本有限。这种情况下，朝中有部分开明大臣提出了要建立现代银行并得到同意，最终国家银行得以成立。

（二）经典国家银行

对于大多数中国人来说，盛宣怀这个名字应当不算陌生，因为经常出现在影视和文学作品中。谈及中国近代化的一系列改革，盛宣怀的名字更是很难跳过的。1897年中国第一家商业银行——中国通商银行成立，创办人就是时任全国铁路事务大臣盛宣怀。通商银行从开始之初就有大量的国库资本注入，信贷业务是其主营业务，主要服务对象是各地大型的工业企业。与此同时，清廷给予其印发银元、银两钞票的权力，实际上承担了部分中央银行的职责。中国通商银行尝试成功后，1904年，清廷户部上奏需要开办国家银行，获准后成立户部银行，1908年改成大清银行。从大清银行的职能看，除经营存贷款项、买卖金银、折收期票、汇兑划拨公私款项、代人收存财物等一般银行业务外，还有承领银铜铸币、发行纸币、代理部库等特权。自此中国历史上第一个中央银行真正出现了。1908年由邮传部大臣梁士诒组建的交通银行则主要从事邮政交通相关领域的贷款，之后经营范围也不断扩展，但无论其出资资本还是主营业务都与清廷有着密切关系。

如果我们仅就上述商业银行的基本情况进行分析，可以发现其在组织架构、业务范围、管理方式等方面与传统的中国金融机构有着很大不同，但是国家银行出现带来的影响远不能从金融机构本身的角度来审视。事实上，国家银行的出现从根本上拓展了中央政府的治理范围。自古以来，中国政府总面临这一重要问题，即如何能够深入地进行金融管理，因为金融管理不仅关乎经济增长，更关乎国家税收和社会稳定。在户部银行出现之前，中国从来没有出现一个机构能够同时精确管理货币供应总额和货币流向，而混业之下的国家银行一方面能够在已经丧失本位货币管辖权的情况下重拾货币供应的主动权，另一方面能够实现吸储和放贷，将触手伸向社会流动性总额的同时瞄准了流动性的方向。

当然，上述使命并非在这个时期完成的。户部银行成立7年之后，辛亥革命爆发，新旧政权交替，清王朝灭亡，大清银行改名为中国银行，但是清末设立银行的尝试却对中国社会产生了深刻影响。1911年到1933年这22年间，内资银行雨后春笋般地迅速发展，中国银行业特别是国民党实际控制地区的银行业经历了罕见的、短暂的自由主义时代。1933年之后国民政府的一系列举措在推动银行业发展的同时，进一步强化了国家对金融的管控，完成了清廷乃至历代政府一直以来想做却没有做成的事情。

值得注意的是，与之同期的中国共产党在苏区以及后来的解放区采取的是完全不同的金融治理模式。但是经历了改革开放之后的多次金融改革尝试，如今的中国政府对于金融的治理却似乎在向一些历史上的金融治理共性特征回归，如果仔细分析，这种回归似乎与中国历朝政府对金融治理层面的理念多有暗合，这些在治理框架、人员管理、政策传导、考核导向等方面草蛇灰线地回应了曾经的金融治理实践，它们之间具体的异同之处，我们将在涉及的章节深入分析。

三、变局和思路：从晚清到抗日战争之前的金融治理

（一）格局之变：北洋政府、江浙银行家与蒋介石

即在漫长的时间中，金融制度的变革是政府治理需求的末梢反馈。当政府出现短期资金缺口，或者民间金融制度引发局部的社会稳定风险，此时政府会主动干预金融机构和金融规则，这种由政府需求出发衍生的金融需求使得金融创新与政府需求本身的创新有着密切的联系。然而在很长的历史时期内，政府的管理边界没有质的扩张，政府对金融的需求无非是增发纸币、管理民间利率、厘定货币比价等。需求端的单一使得金融创新的进程缓慢，19世纪之前，中国除了在汇兑领域出现创新机构之外，其余的金融领域没有大的创新，政府与金融机构的互动模式也没有重大突破。

然而，进入19世纪中叶，金融的创新和变化开始加速，

其中既有内因也有外因，内因是洋务运动以来诸多资本密集型国有企业的建立极大挑战了原有的财政国家体系，外因是中外战争的屡次失败带来的赔款压力以及西方金融体系对国内经济的不断渗入。截至辛亥革命之前，在上海、天津两地的租界中已经聚集了大量的外资银行总部，部分中资银行也逐渐成立。辛亥革命之后，临时国民政府的成立极大鼓励了近代金融家和实业家，大量的民营金融机构和企业雨后春笋般成长起来。南北议和之后，北洋政府的主要领导人虽然大多为旧官僚出身，但是整体而言对于现代金融机构都有较时代同侪更开明的态度，而内部纷乱的状态和大量的外债也逼迫北洋政府高度重视金融机构的力量。在袁世凯时期，北洋政府多次要求辖区内的商业银行购买国债，无论其发债的名目是改善民生还是支持国内实业，最后还是有相当一部分的金融资源流入军费领域。北洋政府后期，内部军阀混战更加剧了军备竞争。在地区利益和派系利益的驱使下，各军阀牢牢把握货币铸造、债务发放大权。市场上充斥着形态和比价各异的多种货币，当时的中央政府远没有能力控制全国的货币发行，也无力对其他金融行为进行管控。

北伐胜利，国民政府定都南京之后，与江浙银行家关系密切的蒋介石政府高度重视金融工作。可以这么说，从1897年中国通商银行成立至1933年法币改革完成，中国经历了36

年金融变革的重要时期。这一时期的金融创新和发展不再由政府的指导为之，而是社会经济实际需求呼应之下的飞速发展。在四十年的时间里，以银行为代表的国内金融机构从1家增长到了100余家，分支机构遍布全国各地，在业务上也不断蚕食票号和钱庄等传统金融机构，最终形成了民营银行为主的国内金融格局。

规模的扩张并不意味着实力的增强。江浙银行家集团无论是在北伐战争中还是其后的内部政治斗争中都给予了蒋介石重要的支持，不过这种支持似乎并没有影响南京国民政府对于金融治理权力的追求。虽然这一时期是自由银行体系发展的高潮，但是也立刻迎来了政府的"有形之手"。1933年以来，南京国民政府开始不断加强对国统区金融机构的管控，不仅开始给金融机构强行摊派信贷额度和国债认购额度，还通过各种方式加强政府官员向金融机构的渗透。中央银行成立之后，统一发行的民国纸币已经呼之欲出，中央政府对于金融的控制达到了更新的高度。至此，上海的金融机构告别了自由时代，随着中央银行权力的不断扩张、法币的不断推广，原来由商业银行代行的部分中央银行职能回归到了政府手中。自由主义的银行体系备受西方推崇，从13世纪至20世纪的西方，自由银行体系是绝对的主流。但是就是这样拥有悠久历史的银行体系，在中国仅存在这昙花一现的30余年时间。

与此同时，这一时期除了国统区之外，还有两个同时存在的金融体系。一是国民政府实际控制区域之外的大型城市，诸如北京和天津，这些地区虽然名义上属于国民政府管辖，但是在日本和地方军阀的实际控制之中，不同势力都试图得到该地区的金融管理权，反而使得该地区出现了管理权缺失的情况，金融机构实质上是由当地银行家自治。二是，中国共产党领导下的苏区政府设立的一套独立的金融体系。在苏区，金融机构的管理模式参照苏联，完全由政府管理，形成了比国统区更加集中的金融管理模式。因此，20 世纪 30 年代初，中国在不同地区出现了自由式、集中式、半集中式几种不同的金融管理模式。抗日战争全面爆发后，京津沦陷，其金融机构迅速由日本管控，自治模式彻底被摧毁。而国民政府和苏区特有的金融管理模式依然存在。

（二）铸币时代的终章：废两改元

之前的章节中我们提及，明朝中后期以来，大量白银涌入中国市场，逐渐形成了不受王朝控制的货币体系。政府对于白银管理的缺失并没有影响白银的流通，在漫长的金融实践中，白银深入融入了民间的金融体系，在清朝中后期的上海，钱庄凭借其巨大的白银吞吐量，成了可以左右白银供需和价格的重要民间金融机构。

第五章 从晚清到民国：中国金融干预模式的近代化

民国时期，上海的主要钱庄形成了钱业协会，与同时期的银行不同，此时由钱庄组成的钱业协会有几个垄断性的职能，第一是票据清算。在交易日结束之后，银行和钱庄的票据交易信息统一汇总到钱业协会，钱业协会以白银价值为基础将不同币种和票据进行结算清算。第二是银钱兑换。由于掌握了大量的白银，钱业协会拥有一项特殊的权力，即每天公布白银和银币的兑换价格，以此来调整白银和银币之间的比价。

这种国内外罕见的制度是中国政府长期以来对白银缺乏管理形成的后遗症。实质上看，钱业在某种程度上相当于以银本位为基础的中央银行，通过将货币与白银价格挂钩而实现调整市场上货币供给的作用。这种情况在缺乏金融管控理论和实践的时代是可以存在的，但是在实际运行的过程中存在很多的弊端，第一，是交易成本较高，银行要随时保证银币和白银两种类型的储备，两者之间的兑换不仅耗时，还要支付钱业的设定的买入卖出的价差。第二是白银外生供需的变化将直接传导到币值，例如20世纪初大量银元涌入上海，原本带来的结果是上海市场货币丰富，流动性充沛，但是表现在钱庄公布的银钱比价上，则会出现银币的价值突降，银行中的银币价值缩水，导致信贷准备收缩，竟然造成了货币市场的流动性收紧，类似金融市场的紊乱问题就这样时有发生,这种情况进入了民国时期,随着银行等新式金融组织的出现,以及国民政府在国内对金融治理的不断强化,央行的部分职能被民间分割的现状越来越无法被容忍。

1927年国民政府定都南京后,首先着手的经济问题便是整顿白银货币体制。浙江省政府委员马寅初再次提出了《统一国币应先实行废两用元案》。马寅初此次提案恰逢其时,因为此时的国民政府正在竭尽全力垄断全国的金融,而统一货币发行权是非常关键的问题,因此,该法案于1928年4月27日被国民政府第58次会议正式通过。

虽然近代以来银钱两业一直保持良好的关系,但是在这个法案出现之后,钱业都坐不住了,这个政策的颁布实际上剥夺了钱庄对于银钱的定价权,伴随货币铸造权收归中央政府,白银无论在官方还是民间都不再成为法定货币,钱庄的货币管理职能彻底交出,回归到了与银行一样的金融业务经营部门。

1933年3月1日,国民政府财政部发布《废两改元令》。同年4月6日,国民政府财政部又发表布告,决定自即日起,国内所有款项收付一律改用银元,不再使用银两。从现实意义上来说,"废两改元"货币改革的推行,在中国货币改革史上可以说是空前的创举。"废两改元"不但使中国混乱已久的"两""元"混用的币制统一起来,对中国财政金融的整理和工商贸易的发展也起了极大的促进作用。

"废两改元"之后，曾经显赫无两的钱庄，也默默走进了它们最后的篇章。中国迎来了自1260年忽必烈大帝"中统钞"之后又一个法币时代，无论是官方铜铁铸币还是民间白银和银币，在这片土地上奔波了千百年之后，终于归于尘烟。

（三）"融入式管控"：政府对金融管控的基本思路

这一时期政府对金融的管控有一个明显的趋势，即"融入式管控"，就是让政府逐渐参与到金融的业务中去。例如，政府开始在金融机构中派出技术官僚，让财政官员兼任银行行长，让政府背景的人员进入董事会，或者将诸如银行同业公会、钱业同业公会等民间组织不断纳入政府实际控制中。这种思路与之前时期政府作为第三方的监督者和管理者大有不同，这很大程度上与社会治理的需求拓展有着重要的关系。起初，中央政府金融管控的目的是让金融机构更好地满足政府对于筹资的需求。随着社会经济对金融需求的不断提升，此时政府担忧西方机构大量的资本输入会在社会经济层面不断扩大影响力，因此主导政府开设金融机构参与竞争。整个民国政府时期，政府始终都在践行"融入式管控"的基本思路。政府不仅是监管者，同时也是参与者。

这种思路肇始于中国的近代化变革，完成于民国政府30

年代的币制改革。至此，政府终于将手伸进了金融业的毛细血管中，最大限度上实现了市场化背景之下对金融市场的管控。这种变革的道路既不同于西方中央银行的演变历程，也与苏联的中央计划体制下的金融体系有明显差异。我们从这种演变中能够察觉到的是传统中国政治文化中对于稳定的向往，以及对于新的国家治理领域和治理对象出现时的谨小慎微。

"融入式管控"在一定程度上让金融更好地在国家主义价值观之下发挥作用，但同时也带来了一系列问题。不过放诸历史，中国政府对于任何新的管理领域，一定是从"融入式管控"开始的，在管控中不断发现问题，不断积累理论，然后不断抽身出来，再次演变为纯粹的监管角色。从某种角度讲，政府对于某个领域介入得越深，可能恰恰是因为对某个领域更缺乏管理自信。

四、蹒跚走向金融治理近代化

一直以来，政府对于金融的干预通常从"量价"两个角度开展，一方面控制市场的货币总量，另一方面控制信贷的成本。政府对金融干预的过程本质上就是针对特殊的量价形式采取更加精细有效的管控。然而这个时期政府对于金融的干预已经超出了量价的范畴，逐渐将其作为一个重要的治理板块纳入常态管理的框架中。因此在诸多层面出现了新的干预特点。

（一）对金融市场的干预不断加深

晚清之前，政府对金融市场几乎没有明显的干预，或者干预形式非常粗糙，最主要的方法就是垄断铸币、限定民间借贷的利率上限垄断铸币以及规定银钱比价。促使政府做出相关规定的动力不外乎维持社会稳定、便利政府财政收缴和支出。但是传统干预方法面临的主要问题在于，国家行为带来的强制性约定很难扭转市场的实际力量，在缺乏强监管的背景下，国家的金融干预很难在逆周期发挥作用。

从晚清开始到抗日战争全面爆发之前，中国政府对金融市场的干预内容和干预方式迅速丰富。第一，精细管控纸币印发。政府将原本属于各个银行的发钞权力不断归拢，除了代表政府的中央银行之外，只有少数符合条件的商业银行有资格发行钞票，并对发钞总量和配额进行严格控制。第二，引导基础利率。清户部银行、北洋政府时期的中国银行以及南京国民政府时期的中央银行都广泛参与信贷业务，通过国家支持的信贷业务引导整个社会的基础利率。第三，调节市场货币总量。早在北洋政府时期，政府就会通过中国银行等金融机构发放和回购国债，此时国债的发行不仅是为政府支出进行预支，已经出现了调节市场货币规模的功用。第四，稳定币值并搭建全国性的货币体系。在国民政府时期，通过"废两改元"政策将国内的货币单位统一到银元上来，通过确立法币地位、锚定白银价值的方法形成了国家主导的货币体系。第五，保持汇率稳定。随着与世界经济的联系不断深入，汇率的波动对国内的社会经济影响日益显著，汇率的重要性逐渐为政府所熟知。1934年白银风潮期间，南京国民政府就通过限制白银出口、征收高额交易税等方式稳定白银规模，进而稳定法币汇率。这一时期金融管理内容的拓展使得中国金融体系迅速实现了近代化。

（二）对金融机构的管理不断成型

金融干预形式的丰富与金融机构的完善是一体两面，逐渐丰富的金融职能需要不断完善的金融机构承担。清中前期，政府对于金融相关业务鲜有常设机构，通常是一事一议，且大都通过户部上呈内阁或军机处，而由于铸币本身需要协调的资源较多，且王朝常常面临货币损毁重铸等事项，因此专设铸币机构：宝源局和宝泉局。其中宝源局隶属于工部，铸制货币大多用于工部开支，宝泉局隶属于户部，所铸货币多用于民用，同时户部为了在核定银钱准备金的基础上发行官票和宝钞，下设官银钱号，以户部和工部所铸钱文作为"票本"发行"京钱票"。这些机构构成了政府进行获批铸造和发放的主要行政机关，配套以相应的流通制度，推动了政府对整个市场流动性的管控。咸丰以来增加货币的政策部署客观上为全国范围内金融机构的体系化形成打下了基础。

金融机构全国性、系统性的形成有两条主线。第一是中央银行职能的不断完善，第二是地方传统金融机构的现代化转型。从中央银行的层面看，1904年户部银行成立，1906年户部改为度支部，同年户部银行更名为大清银行。《大清银行例则》明确了其国家银行的性质。大清银行成为代理国库、发行纸币、政府款项收支以及经营公债和证券的机构。1911年辛亥革命之后，大清银行改为中国银行，虽然与政府关系仍然密切，但其地位下降为商业银行，与其他几家大型商业银行一起承担部分中央银行的职能。1933年南京国民政府进行了币制改革和金融系统改革，中央银行的重要地位再次被确立。在整个过程中，中央银行的主要职责一直没有发生变化，只是在机构上实现了由集中到分散再到集中的过程。

地方金融机构是政府推行金融政策的重要抓手，整体上看，这一阶段政府对地方金融机构的管理主要体现在两个方面。第一是传统政府地方金融机构的拓展与转型。咸丰以来，各地为了推进货币发行工作，在地方成立了诸多的官银钱号用于发放官票和宝钞。随着社会经济的发展，在清后期这些官银钱号开始从事诸如信贷等多项业务，逐渐由传统的兑换机构演变成了金融经营机构。这些官银钱号在辛亥革命之后逐渐转为省市立银行。第二是全国性商业银行的分支机构迅速拓展。金融机构从最开始的上海、天津两地租界逐渐扩展到了沿海、沿江和省府城市，并进一步向其他城市迅速扩张，形成了遍布全国的金融机构体系。金融机构的扩张使得政府的金融政策能够更加快速便捷的落地。从中央到地方有了专门的金融机构，这大大提升了金融政策对于政府治理的重要性，使得国家金融治理逐渐跳出传统经济治理的粗放管理逻辑。随着1934年《公司法》等相关法律的出台，政府对于银行业的管理控制不断趋严。庞大的金融机构系统将中央政府的金融治理要求直接贯彻到了每个城市和县域，中国至此基本上形成了现代化的金融框架体系。

政府金融干预的最重要方面是金融监管。20世纪初叶以前，金融监管主要依赖同业组织互相监督。银行同业公会、钱业同业公会等组织在这个阶段发挥了重要的监督管理、统一标准、沟通结算作用。30年代之后，随着金融业务和金融机构的不断丰富，以及政治环境不断趋于稳定，由政府主导的金融监管机构也开始出现。

整体上看，在1937年抗日战争全面爆发之前，中国国内形成了中央的"四行二局"以及地方银行星罗棋布的基本金融架构。中央政府通过一系列的人事安排和兼并重组，牢牢把控中央银行、中国银行、交通银行、农业银行、中央信托局和邮政储蓄汇业局的管理权，除了因为地方军阀的实际控制等政治原因外，基本实现了对国统区内部金融机构的有效管理。

（三）宏观调控的雏形始现

宏观调控是当代经济体重要的治理方式，财政政策和货币政策是典型的宏观调控手段。晚清之前，政府同样存在不同形式的宏观调控，包括人口迁徙、划拨银两、调整赋税等。除人口迁徙外，其他的政策主要以财政政策的形式出现。晚清以降，随着金融理论和实践经验的积累，货币政策逐渐开始进入宏观调控的工具箱。咸丰时期通过增发货币缓解市场流动性危机，20世纪30年代初通过政府鼓励政策激励商业银行支持农业，以及1934年通过筹集白银储备稳定币值和汇率等，这些做法已经与当代政府金融管控内容和对象十分接近。

但是，我们仍然不能够将其和当下的宏观调控完全画等号。因为这一时期，很难断定货币政策的出发点是为了服务经济体还是满足政治、军事斗争的需要。例如20世纪初叶的多次钞票发行最终停兑、区域性军阀通过超发钞票赚取军费，以及1948—1949年弥漫主要大型城市的超级通货膨胀，我们很难简单地将其视为宏观调控的失败。不过，这些事件能够从某些侧面反映出这一时期货币政策对国民经济有着前所未有的影响力，中央政府在财富管理、聚敛和收割方面的能力远远超过历朝历代。

（四）近现代政府干预金融的模式形成

政府对金融是如何干预的？在回答具体问题之前，我们首先应当理解这个问题的前置条件，即政府是能够常态化干预金融的。唯其如此，我们进一步探讨政府如何干预才有意义。我们关注更多的是政府如何在一次次的尝试中探索金融治理的方式，以及政府是如何利用金融工具解决经济治理中出现的各种问题，而金融本身很少作为一个独立的治理对象映入政府的眼帘。我们不能将其归咎于政府本身缺乏对金融的重视，问题的症结在于金融业务的规模不够大、规则不够明确、机构不够完善。从1842年到1949年这短短的一个多世纪的时间中，中国实现了现代金融框架从无到有的彻底搭建。正是因为有了金融业务的框架，金融治理才具有实际意义并成为可能，也才有了后来的金融干预。

需要澄清的是，中国政府在金融框架搭建的过程中扮演的角色与其他国家大有不同。无论是以英国为代表的一家商

第五章 从晚清到民国：中国金融干预模式的近代化

业银行成为中央银行的制度，还是以美国为代表的银行联盟成为中央银行的制度，政府在其中扮演的角色都是交易对手或者规则的参与者，而中国从一开始就形成了以中央政府主导的中央银行制度。政府主导式的中央银行制度使得政府力量迅速渗透到金融制度的每个角落，引导和推动着中国金融框架的系统性搭建。在此背景下，中国金融体系不断完善的道路，本身就是政府对金融体系的干预之路。这也是为什么本章虽然旨在探讨政府对金融的干预，但是却花了很多的篇幅讨论政府主导下的金融体系是如何成立的。因为金融体系不断形成的过程，就是政府不断干预金融治理的过程。

经过 100 年的发展，中国传统的金融市场格局被打破，票号和钱庄金融力量迅速衰弱并退出了历史舞台。政府强力干预下的金融体系使得国家治理能力空前提升，中国也迎来了 1927—1937 年工业化高速发展的"黄金十年"。更重要的是，金融体系的建立以及国家对金融干预模式的运用给后来的治理者积累了经验。即使新中国成立之后国内的金融体系进行了巨大的调整，这种金融干预的模式依旧对新中国金融制度的建立以及改革开放以来政府的金融干预理念产生了深远影响。

第六章　金融干预的红色模式

我们真的会诧异，究竟是什么原因让一个全新的金融模式如原子裂变一般在极端的时间内爆发出如此大的统治力，而即便到了今天，这种金融模式自洽的内在逻辑和理论上精致的构架依旧具有极大的魅力。

金融干预之所以会有红色模式，不是因为干预模式的特殊，而是因为金融模式本身的特殊。时间拨回到20世纪初，资本主义的治理模式在全球威风凛凛，源于西欧大陆的金融模式在全球各地生根发芽，金融不仅催生了工业化的迅速拓展，也塑造了人们对于金融治理的普遍认知。样式精美的银币、各色纹理的钞票、粗壮大理石支撑的高傲银行门廊、精制冷漠的燕尾服绅士、不同腔调的英帝国语言和大额的阿拉伯数字……这样的金融元素伴随着紧张繁忙而又一丝不苟的金融活动，构成了金融一以贯之的气质。这一切是如此的自然，以至于人们觉得金融本来就应该是这样的，似乎金融与这样的面貌是难以分割的。

第六章 金融干预的红色模式

这不仅是大西洋沿岸和地中海沿岸人们的看法，东欧平原东侧的沙皇也这么觉得。这个可以追溯到成吉思汗时代的帝国在20世纪初已经有了现代化的金融体系，在专制集权文化极其浓厚的帝国，虽然沙皇尝试了一系列国有化手段来将金融机构尽可能地纳入国家统治之下，但是没有任何人否定金融市场在这个广袤帝国的存在，也没有任何人怀疑过金融在这里依旧澎湃的普世气息。但就是这样一个地方，被马克思成功预言为"资本主义的薄弱环节"。

1917年沙俄政府以皇室全部被处决的方式戛然离场。随后爆发的十月革命创造出了全新的政权组织形式，私人银行逐渐被国有银行取代，而国有银行也逐渐脱离了依靠信贷利差获取收益的道路，在一轮又一轮的调整之下，逐渐演变成国家财政的出纳机构。此时的货币不会在银行停留，而是拿着国家财政列出的名单将资金注入国家要求的地方去。工人们喊出了"一切权力归苏维埃"，这种说法在经济治理领域是绝对正确的，如果金融治理本身也能够算一种权力的话。

苏俄以及之后的苏联的金融治理模式在当时的世界是绝对的另类，其实，马克思主义政治经济学以及之后列宁对国家理论的完善从上层建筑上论证了国家高度集中的金融治理模式未尝不会存在，而欧洲长期以来不断发展繁荣的金融实践其实也给金融体系的治理提供了最基本的历史参考。当然，我们仍然不能忽视这一时期苏俄政权面临的国内外严酷环境，特殊的历史环境加速了苏俄金融治理向另一个方向的转化，内忧外患的苏维埃政权不仅制造了斯大林，同时也制造了全新的、并不肇始于原教旨社会主义经济逻辑的金融体系。

苏维埃的经济制度是与政治制度相伴生的。20世纪中叶，红色政权在全球各地开花，有着深刻斯大林烙印的社会主义经济制度在更为广阔的土地上实践。在苏联的南方，中国国民政府对于农村的统治依旧薄弱，红色政权穿插在青天白日照耀不到的地方。而中国的红色政权却远远不同于在共产国际和苏联扶植下成立的社会主义国家，在中国共产党实际控制的地区，红色政府并没有直接推行苏联的金融治理政策。相反，在很长的时期内，中国共产党都在自己的治理辖区与国民党进行金融争夺，并且随着政治和军事影响的变化，金融斗争的形式和内容也在不断调整，但是其运用的主要货币理论、信贷理论等有着非常典型的西方金融学特征，与苏联的金融制度迥异。新中国成立前夕，在国民党统治区域经历了举世瞩目的超级通货膨胀，解放区虽然在金融体系上已经有了一定的独立性，但其辖区与国统区犬牙参互，很难在超级通胀的浪潮中独善其身。在金融体系紊乱的时候，共产党人目睹了大型金融城市令人瞠目的物价变化，也看到了国难当头金融机构可怕和贪婪的恶性投机，这些印象深深刻在了

第六章 金融干预的红色模式

新兴政权的脑海中。超级通胀的后遗症影响远比旁观者看到的更切肤,中国古代有明朝早期孱弱的货币制度,国际当代有德国在魏玛之后审慎得有些刻板的利率管控,这些都是超级通胀给当朝带来的影响。经历了20世纪40年代的超级通胀之后,蒋介石、蒋经国父子逃到台湾,吸取大陆统治的教训,开始了金融改革,社会主义中国则迅速掉转从前金融治理的方向,开始向苏联学习真正适合社会主义中国的金融治理模式。总之,就是要离这种可怕的金融崩溃越远越好。

中华人民共和国成立之后,中国面临着十分严酷的国际政治军事形势,苏联的金融治理模式对于中国的吸引力越来越大。这种影响之所以在这个时候才到来,不能理解为苏联的强硬灌输,似乎更多的是中国第一代领导人审时度势后的选择,一方面是来自刚刚结束的通货膨胀的痛苦记忆,另一方面是不得不面对的千疮百孔的局面。红色政权在中国已站稳了脚跟,但已经形成的金融体系却没有办法摆脱惯性,牢牢扎根在这片古老的国土上。这时的金融已经与财政无两,政府从金融市场、金融产品、金融机构全方位控制了金融体系,而传统金融体系内部最关注的风险和定价已经不再发挥作用,这一时期也迎来了政府对于金融的极致管控,即让金融在本质上不复存在。

这种金融模式在冷战期间通过阵营结盟而在社会主义国

家加速传播，在半个世纪的时期内成为全球最重要的金融模式之一。如果离开了历史背景，我们真的会诧异，究竟是什么原因让一个全新的金融模式如原子裂变一般在极端的时间内爆发出如此大的统治力，而即便到了今天，这种金融模式虽已鲜有国家奉行，但其自洽的内在逻辑和理论上精致的构架依旧具有极大的魅力。

一、苏维埃的金融故事

（一）正在步入20世纪的金融

如果不环顾19世纪末20世纪初全球金融发展的整体面貌，可能我们很难深刻切身感受苏维埃政权之下的金融治理模式显得多么特别。早在17世纪，荷兰通过独立斗争摆脱了西班牙王室的控制，在造船业和航海贸易的催生之下，逐渐开启了现代化道路。此时阿姆斯特丹银行已经开始从事大额国际汇兑业务和信用证业务，荷兰东印度公司已经开始在股票交易所发行股票，大宗商品期货交易以及期权交易等金融衍生品已经开始规模化。18世纪，欧亚大陆西北边陲的不列颠王国已经开始进入工业革命的黎明，大工厂生产模式、大规模基础设施建设直接推动了金融业务的创新发展，私人银行、合股银行等多种银行组织形式迅速发展，针对工人阶层

第六章 金融干预的红色模式

小额存款的储蓄银行也在这一时期诞生，政府开始通过商业银行系统发行主权债务进行融资。1727—1751年，英格兰银行为不列颠政府发行的年金政府债总额增长了8倍。到了1802年，伦敦证券交易所登记的股票经纪人和做市商已经超过500个。1844年，随着"皮尔法"在英国上下议院顺利通过，世界上第一家真正意义上的中央银行英格兰银行已经出炉。英吉利海峡对岸，拿破仑在法兰西缔造了垄断的法兰西银行。随后在其继任者的推动之下，法国境内的全能型银行和中小型银行如雨后春笋般不断出现。1870年，法国国内的地方银行数量达到了2000—3000家，这些商业银行源源不断地将金融资源投入国内的基础设施和工厂，与国内波澜壮阔的工业化历程交相辉映。它的邻居德意志在19世纪末迎来了储蓄银行、合作银行、合股银行迅速成长的时期。1871年，德意志在普鲁士帝国手中完成了统一，长期分裂的金融治理也开始不断整合。在帝国内部的贴现政策、德意志合股企业的治理结构以及社会经济的"卡特尔"化的综合影响之下，普鲁士帝国的全能银行开始不断发展，政府成为主导国家金融的重要因素。而不久之前，远在大西洋彼岸的美利坚合众国结束了南北战争，商业银行系统由各州自由银行时代向国民银行时代转变，联邦政府成为美国纸币的发行人和商业银行的监管者。到1864年末，美国国土上已经有600余家国民银行，金融业务进入飞速发展的快车道，而到了1900年前后，美国仅中介机构的资产就已经达到了180亿美元，超过同期美国国民生产总值80%。

这就是20世纪前后全球的金融剪影。可以明显看出这一时期的全球金融活动十分宏伟和活跃，金融自由主义已经空前发展，政府对金融的系统治理和监管开始不断加强，金融对宏观经济的影响越来越受到人们的重视。此时统治着东欧平原以及西边辽阔西伯利亚领土的沙皇俄国同样跟着时代的潮流行进。相比于它西边的邻居，沙皇俄国的金融发展并不算迅速。1860年之前，农奴制的沙皇俄国还没有现代意义上的金融体系，1864年第一家商业银行才正式出现。到了1900年，这个当时全球最大的帝国仅有43家商业银行，并且外资占股的比重非常高。当时最大的18家股份制银行中，外国资本占42.6%。

与沙俄落后的金融体系相反的是，政府对于金融机构的治理和管控却比其他国家更强硬。从19世纪90年代开始，沙俄政府就开始进行金融国家化和集中化，通过俄国工业资本与银行结合等方式，使得大银行广泛加入俄国工业辛迪加体系中。1917年，俄国国家银行有11个管辖行，133个固定分行。沙皇俄国在1917年3月的资产阶级革命中被推翻，我们可以从随后的清算统计中大致了解到沙皇俄国金融曾经国有化的程度。根据整理的数据，1917年10月，国家银行资产负债表总规模为242亿卢布，而当时全国私营信贷机构的资产负债表总额仅有1800万卢布。如果从金融发展的程度看，很难将圣彼得堡和莫斯科视为举足轻重的金融中心，其金融业务的规模和活跃程度与当时的西欧和美国有很大差距。

恰恰是这样一个金融治理在时代竞争者中并不出众的国家，却随后开辟了人类社会治理体制的另一条河流，而其具有特色国际主义的号召力量让这种治理模式以令人瞠目结舌的速度在世界传播，形成了至今仍让人记忆犹新的金融干预方式。

（二）斯大林式金融

苏联高度集中的金融模式并不是从天而降的。它的出现有很多趋势性的因素，但是同时也有很多无法忽视的偶然因素。所谓"斯大林式金融"并非一个历史研究者或者金融史研究领域的专有名词，而是因为斯大林统治时期进行了重要的金融改革，而这个金融改革又与举世闻名的"斯大林模式"相辅相成，它的出现和形成构成了苏联政府进行金融治理的缩影。

十月革命之后，列宁明确提出"没有大银行，社会主义是不可能实现的"。苏维埃政府迅速进入并控制了国家银行。

1918年，苏俄在全国范围内没收了所有私人银行的股份，并且关停了沙俄时期和资产阶级政府时期的贵族土地银行和农民土地抵押银行等。在1917年十月革命之后的2年内，苏维埃政府奇迹般地实现了广袤领土范围内的金融国有化，速度之快、效率之高有两方面的原因。第一，从沙皇俄国继承下来的金融体系原本就以国家银行为主体，这帮助苏维埃政府提高了控制全国银行的效率。第二，也与这一时期苏维埃政府雷厉风行的行政手段有关，大部分的政权更替其实并不会影响到财产权的更替，在全国范围内进行财产没收，虽然听起来是轻描淡写的一句话，但是在落实过程中无论执行者还是被执行者都会面临极大的挑战。除了苏俄之外，另一个在广阔范围内实现财产权重新分配的政权是社会主义中国，但是"三大改造"无论从执行的时间上还是从具体的措施上都要比这一时期的苏俄政府"温柔"。

同期的西欧同样有金融国家化的尝试，所以让苏俄的金融模式特殊的并不是所有权，而是国家主体对金融机构的基本态度和管理模式。恩格斯在《资本论》第三卷对银行进行了深刻的批判。在这些熟读马克思主义政治经济学的共产主义者眼中，银行是典型的资本主义经济代表。1920年，人民委员会取消俄罗斯人民银行，"工业的国有化把最重要的生产与供应部门集中到国家手里，所有的国营工业与商业都服从于统一的预算制度，这种情况使得名副其实地作为国家信用机关的人民银行，已经完全没有必要"。随着银行的取消，金融体系实际上已经消失了。当然，列宁也绝不是原教旨的马克思主义者，1917年到1920年，刚刚成立的苏俄经历了艰苦卓绝的卫国战争，战时经济对国家对资源的调动提出了更高的要求，相比于纯行政化方式，金融在这一阶段的效果周期太长了。

战争结束之后，"新经济政策"成为苏俄恢复国民经济的纲领性政策，肯定了商品贸易和货币交易。苏俄1921年成立了国家银行、1922年成立了国家劳动储蓄银行。其中国家银行以及后来在此基础上形成的一系列专业银行主要的工作是发放贷款，国家劳动储蓄银行以及后来的相关储蓄机构则主要用于吸收社会储蓄。国家这样的制度安排在金融治理的历史上是个创举，传统的金融业务通常是集负债和资产端于一身，通过吸储形成的负债进行放贷，从而形成银行的资产，金融机构根据吸储成本的不同来调整资产的成本，从而形成不同的贷款利率，息差在很长时间段内是金融机构的主要收入来源。而资产负债端分割之后就会出现严重的问题。第一，负债端不知该如何定价来吸收储蓄，因为它没有资产摆布的压力。第二，资产端也不知该如何定价，因为它本身没有成本函数，不知道手中的钱是用多高的利息留存的。有的读者会说，这个问题是可以解决的，只要有一个专门的收支机构，它来决定如何吸储和如何放贷。幸运的是，苏维埃的领导人跟读者的想法是一样的，专门的财政机构确定储蓄的成本和放贷的成本，并在资产端对贷款的去向进行管控。其实只要定价得当，这种方式理论上也行得通。但由于全国的金融机构都已经被政府垄断，所以吸收存款时消费者没有任何自主选择的权利，吸储成本跟市场的资金供给情况完全脱节了。而贷款则主要是根据行业确定利息，直接忽视了企业内部的风险偏好，贷款的利率也失去了反映资本价值的作用。

1925年，斯大林逐渐取得了成功之后，逐渐废止了"新经济政策"的主要精神内容，开启了高度集权的"斯大林模式"政治经济时代。也许在其他的经济层面，"新经济政策"表现出对民营经济更多容忍程度以及对市场更多的重视，但是仅就金融治理而言，"新经济政策"和"斯大林模式"之下的金融治理没有实质意义的差别。我们看看斯大林时代的苏联是如何进行金融治理的。

1930年，苏联中央执行委员会和苏联人民委员会出台《关于信贷改革的决议》，其中最重要的内容是取消列宁时期的少量商业信贷，全国的长期贷款和短期贷款统一由国家银行开展。此时的国家银行不仅是中央银行，同时还包括商业银行的诸多基本业务。1932年，政府颁布了《关于组织长期投资

第六章　金融干预的红色模式

专业银行的决议》，形成了四家长期投资银行：工业银行、农业银行、全俄合作银行、贸易银行。四家专业银行各司其职，分别从事特定领域的信贷业务尤其是资产端业务，它们只需要按照政府的相关要求以特定的利率发放贷款，不用过多考虑资金的成本和来源，因为它们放贷的钱归根到底是政府划拨的。1929年，苏联颁布了国家劳动储金局条例，国家劳动储金局成为苏联最重要的吸储部门。与此同时，国家劳动储金局也垄断了苏联国民的工资、养老金等代发业务以及公共服务，在个人端的业务上形成了闭环。信贷利率同样也是政府制定的。活期存款的利率为2%，不同行业贷款利率有所不同。没有了价格信号，自然也没有了风险选择和风险匹配，也就没有了金融逻辑。

说到这里，我们就能够讲述一个故事了。想必很多读者在历史书上听到过对苏联斯大林时代经济政策的介绍，其中经常会提及利用了"剪刀差"让苏联重工业迅速强大起来。所谓剪刀差，就是用农业和轻工业的生产资源补充到重工业。如果从操作细节上看，这种"剪刀差"的价值转移恰恰依靠的是银行，首先通过很低却垄断的价格吸纳了农民的储蓄，然后再按照政府的要求将相关资金转移到不同的行业，因为金融的毛细血管遍布政权全身，苏联有着强大的金融控制能力，为第一个五年计划的开展提供了大量资本支持。此时的银行距离信贷逻辑比较遥远,实际是一个会计机构和出纳机构。

当然这种瞬间的"超能力"很像兴奋剂,不仅有效果,还会上瘾。药效过了之后,是会有后遗症的。

(三)为什么是苏维埃金融模式

制度的传播与政治经济的影响力息息相关。人们通常懒于陷入对于过程本身的讨论和思辨,而是将结果作为检验过程的标准,"结果好一切都好"。同样是君主专制制度,16世纪的马基雅维利就对其进行热情赞扬,而对过于分权的意大利则忧心忡忡。到了18世纪,伏尔泰、孟德斯鸠、卢梭等启蒙思想家却强硬地批判君主专制的邪恶。短短200年间,君主制度本身并没有出现巨变,为什么有如此大的政治观念变化呢?一个重要历史现象的出现起到了关键作用:英国的强盛和法国的衰落。人们认为英国强盛是因为进行了光荣革命,实行了君主立宪,法国的衰败是因为路易们昏庸的专制统治。中国近代以来经济和军事的衰弱被社会广泛归罪于君主专制制度,而一海相隔的日本正是因为重新确立君主专制才迅速跻身于列强。所以对于政治制度本身的争论是非常脆弱的,舆论是结果导向的,如果清帝国在经济军事上更加强盛,说不定也会在美国国土闹出一系列专制主义的运动呢。

第六章　金融干预的红色模式

但是，例外出现了。20世纪初，苏俄和后来的苏联并非当时世界上最先进的国家，第一次世界大战、卫国战争带来的创伤让苏联在这一时期国力孱弱。结果反而是这样一个国家的治理制度开始快速传播，并且在接下来的20年内成为能够与2000年来形成的传统治理模式分庭抗礼的重要制度。其中政府对金融干预的思路不仅辐射到了东欧和中欧，也蔓延到了如中国、朝鲜半岛、中南半岛的远东地区，甚至影响到了中美洲和南美洲。很多国家迅速开始了全面的金融国有化，并且对信贷等主要金融业务开始了全面的管控。其主要的特点与苏联一致，一方面是将信贷业务和资产业务人为分离，另一方面是用行政安排的方式取代价格信号，成为调控金融活动和金融产品供需的主要方式。

这种国家全面管控金融的模式之所以能够从一个并不富有的国家肇始并蔓延，与所处的历史背景有密切关系。第一次世界大战的惨烈让西欧记忆犹新，这场肇始于奥匈帝国和塞尔维亚的战争让中东欧罹受了巨大的灾难，战争结束之后的政府对于快速改善社会面貌有着急切的渴盼，而苏联模式就是成功的典范。同时，在19世纪以来的马克思主义是西方政治经济理论体系的重要声音。在苏俄成立之前，马克思主义已经广泛传播。而作为马克思主义第一个成功的实践者，苏联的金融治理政策本身就具有很强的理论威望。20世纪20

年代，美国已经进入了柯立芝繁荣的后期，一些重要的金融指标开始出现危机端倪，30年代的大萧条则让资本主义世界面临了前所未有的危机，此时的苏联正在"斯大林模式"之下开始经历工业总产值的飞速增长。绩效即正义。越来越多的人认为社会主义可能才是永久抵御经济危机的更好制度。苏维埃政府在国家模式的宣传上也有开辟式创新。列宁时期的苏维埃有着鲜明的国际共产主义色彩。苏维埃专门机构共产国际始终对全球其他地区的工人运动和共产党工作进行支持，并不断地宣传苏联在进行经济治理方面的成功经验。斯大林时期的共产国际虽然更多地围绕苏联的国家利益开展工作，但是依旧在不懈支持苏联周边社会主义国家的经济建设，并且帮助其建立起了社会主义的经济治理框架。1938年，由联共（布）中央特设委员会编著、经联共（布）中央审定的一部联共（布）党史著作《全联盟共产党（布尔什维克）历史简明教程》首次出版。书中对苏联共产党的社会主义建设进行了系统的介绍，在一段时间内成为社会主义政党国家治理的重要纲领。"二战"之后，世界涌现出了大量的社会主义国家，大都模仿苏联构建本国的金融治理体系。冷战的开启让世界划分出两大阵营，不同阵营之间的社会经贸往来被割裂。苏联在经济领域建立的经济互助委员会一方面对社会主义阵营的诸多国家提供了重要经济支持，另一方面也让社

第六章　金融干预的红色模式

主义阵营内部的治理模式与苏联更加接近，金融治理的"苏联化"也日益明显。当然，还有最重要的一个因素，经历了斯大林时期的五年计划，苏联在第二次世界大战之前的综合国力已经成为全球第二，是最重要的工业大国之一。"二战"之后，苏联红军在战场上的英勇表现和对抗法西斯时的决定性作用让苏联有了崇高的国际地位。在20世纪40年代，苏联在国际舞台上是当之无愧的政治经济超级大国，这应该是金融模式能够被其他国家认可和接受的最核心原因。

我们回过头来直面苏联的金融治理模式本身。其实当代宏观经济学者都很熟悉，很多宏观模型在进行基础设置的时候，除了有一般均衡模式之外，还有中央计划者模式。从单纯的经济学理论看，中央计划者经济体制之下的社会经济与市场经济的效果是等价的。这意味着当有一个全能的中央计划者时，市场的作用是完全可以被替代的。不过，中央计划者真的能够做到全能吗？况且，苏联式的金融治理制度从建立之初就有了明显的政策偏好，市场均衡也许从来就不是这种金融治理模式的强项。相反，这种金融模式更加擅长的往往是更好地促成一个局部失衡的金融格局，以在特定的历史背景之下实现更宏伟的治理目标。

而这在1949年之后的中国，开始变得尤为重要。

二、另外一半的中国

（一）"外苏内中"：中国共产党的金融治理尝试

若说起辛亥革命至新中国成立之前国内的金融面貌，大家的印象依然是以上海和天津为代表的西方金融机构和逐步走向现代化的金融活动。无论从传统金融发展的主流道路，还是从金融体系的框架和规模看，这种印象是符合历史史实的。大革命失败之后，中国共产党开始在全国范围内建立革命根据地，起初这些革命根据地虽然零散不成片，且不同区域有着不同的地理人文特点，但从留存下来的史料看，根据地却有十分类似的金融治理模式。这些地区因为位置偏远，社会经济相对落后，金融活动远不如主要城市活跃，因此这一时期共产党实际控制区域的金融模式并没有那么吸引眼球。但恰恰是起初落后的金融活动，随着中国共产党政治和军事的不断成功，在全国范围内的影响力不断扩大，并最终形成了全国范围内的金融治理体系。很多人认为这一时期中国金融治理模式是对斯大林模式的学习和复制。如今看来，这种抽象的概括的确过于粗糙，中国金融治理模式在形式上与斯大林时期的苏联金融体系类似，但是从内核上来看，对市场的态度成了中苏两国金融治理模式的巨大分野。这种分野背后的精神内核，很可能也是造成中苏两国不同改革结局的原

第六章　金融干预的红色模式

因之一。

1928年以来，中国共产党通过武装斗争陆续成立了多个革命根据地。根据地范围内最主要的金融机构就是银行。在国民党频繁围剿的外部环境下，根据地的金融治理也完全与战时要求相适应。理论上讲，银行最主要的盈利模式是信贷业务息差，但是在根据地人均收入较低，储蓄吸收的资金十分有限，银行最重要的治理方式便是印发钞票。在农村革命根据地时期，在占领区开始印制诸如劳动券、银元券、常洋券等钞票用于日常交易，受制于印刷技术和材料，有时没有办法制作出纸质精良易于保存的纸币，当时很多货币是用布匹制作而成，在上面印制了面值等相关信息，条件之艰苦简陋可见一斑。

要想保证钞票发行的币值稳定，就一定需要寻找合适的储备货币。在当时条件之下，根据地的币值最初选用的是广泛流通的银元。1935年之后，法币开始大量流通且币值稳定，抗日根据地也将法币纳入了储备货币之中。在根据地内部，苏维埃政府对货币使用管控严格，不允许其他货币流入，即使是被视为本位货币的法币，也在1941年前后因为种种原因被禁止在根据地内部流通和使用。那么，如何保证共产党的货币能够被广泛接受和流通呢？主要有几方面的措施。第一，中国共产党在根据地十分注意货币发行的数量，并通过发行和回收债券来调节市场上流通的货币总量，从而控制币值稳定，提升了货币的信用和认可度。第二，采取各种手段让其他货币离开根据地。例如限定 20 天之内将手中持有的法币进行处理，之后不允许法币在根据地内部流行，否则对持有其他货币的人进行惩戒。此时新开辟的根据地内持有法币的人会到国统区采购物资，或者将法币上交根据地银行兑换当地货币。有的根据地也尝试稍微提升根据地货币的价格，让市场更愿意持有根据地货币。第三，政治军事的成功。随着国共内战中共产党的军队不断胜利，法币使用的范围不断缩小，共产党货币使用的范围逐渐扩大。

除了货币治理之外，随着革命形势的不断发展，抗日根据地的面积不断扩大，金融活动的形式和范围也不断扩大，开始出现信贷业务。虽然从形式上看，共产党对于根据地辖内的金融业务有着明确的控制，但是却能够看到其对市场的充分尊重，这一点在信贷业务上尤其明显。如上文所述，"斯大林模式"之下的苏联金融治理割裂了资产业务和负债业务，使得价格信号失去了效果，金融机构完全成为财政的会计部门。而根据地的苏维埃政府虽然对银行的储蓄和放贷利率进行了详细的说明，但是横向对比国民政府统治地区的信贷利率看，两者大体相当，政府对于储蓄和放贷依然会参考市场基本行情进行统筹，市场的作用仍然被根据地政府所重视。

例如在抗日战争时期，华北地区的根据地银行的1年期存款利率为2—3厘，3年以内贷款利率为5—8厘，这一比价与国统区、日伪区和沦陷区的金融市场利率相当。同时，根据地政府也在很多时候通过吞吐发行的货币来稳定币值和汇率，充分利用了当时的货币市场。

新中国成立后，在金融治理上开始逐步形成高度集中的"大一统"金融治理格局。但新中国成立之前，金融治理的模式并不是典型的大一统，虽然也陆续成立了国民银行和专业银行，但是这些银行大多是进行全业务运营，且其吸储和放贷在满足政府要求标准的框架下有着很高的经营自由度。中国老一辈革命家中有很多在这一时期积累了丰富的金融实践，对于金融市场有了更加深刻的认识。从政治局对根据地下发的电报中，能够看到毛泽东等党内高层对于金融市场的理解程度是很深刻的。20世纪70年代末改革开放前夕，党内仍然保留着一批曾经参加过一线经济工作的领导干部，他们对市场的力量有着真切的体会，在党内和全国有着极高的威望，对于改革开放的大方向能够迅速达成共识。相较于中国的共产党，苏俄的成立没有经历如中国一般漫长和艰苦的内战拉锯，苏维埃作为国家唯一合法政府代表构建金融体系，其实缺乏在市场上与对手进行长时间针锋相对的金融斗争的经历，于是进行了斩钉截铁的金融治理模式换血洗牌。除了新经济政策推行的几年之外,苏联的金融体制并没有与市场有过多的交集。这也导致了党内对于市场化的金融建设缺少经验,而到了 70 年代以后,苏共中央经历了严酷党内斗争和政治迭代,新经济政策时代的革命家和改革者已经凋零殆尽,后续的金融改革尝试无论在实践上还是组织上都迟迟无法做好准备。

(二)被低估的战场:共产党的金融斗争

1992 年,美国著名经济学家米尔顿·弗里德曼在顶级经济学期刊上发表文章《富兰克林·罗斯福、白银和中国》,在这篇文章中,弗里德曼认为是 20 世纪 30 年代的白银政策影响了国民政府的金融系统稳定,引致了中国 40 年代后期的恶性通货膨胀,并最终导致了国民党在大陆统治的败落。这个观点之所以在当时振聋发聩,是因为他深入分析了这场政治和军事决战背后的金融因素。其实,金融斗争始终是国共两党政治军事斗争背后的重要线索,而解放战争期间两党在金融领域的争夺也对战局产生了深刻的影响。

抗日战争后期到 1945 年上半年,中国共产党已经建立起陕甘宁、晋察冀、晋绥、冀热辽、晋冀豫、冀豫鲁、山东、苏北、苏中、苏南、淮北、淮南、皖中、广东、琼崖、湘鄂赣、鄂豫皖、河南、浙东等 19 块抗日根据地。日本投降后,

第六章 金融干预的红色模式

抗日根据地成为共产党领导下的解放区。随着解放战争形势的不断变化，上述解放区的面积开始不断调整和连接，逐步形成了陕甘宁、东北、华北、华东、中原等几块较大的解放区。解放区与国统区接壤和对峙，仍然存在广泛的经济往来，从金融视角上看，解放区和国统区斗争最核心的聚焦点是——纸币覆盖。

为什么纸币覆盖对于国共双方如此重要？首先是为了聚集资源。政府发行纸币的成本可以忽略不计，而每一张纸币的投放都会兑换等价的其他商品，当本政府运用印制的纸币进行采购时，本质是一种低成本的永续债，纸币使用范围越广泛，这种永续债可以发行的数量也就越多，政府能够集中的资源也就越丰富，这种属性在战争时期尤为重要。其次是纸币可以成为影响敌人经济秩序的重要工具。相邻两地纸币币值的变动将会直接影响贸易的走向，突然贬值的纸币对于周边的经济区具有极强的攻击性，周边地区如果没有及时调整汇率，则将遭受其他货币进入带来的损失。在国共内战期间，除了战场上的正面斗争之外，金融斗争同样激烈和精彩。

为了更好地提高纸币覆盖，解放区政府主要采取了几个措施。第一，禁止使用法币。法币只允许外流，不允许流入解放区，解放区内部使用本币，每新到一个区域，就立即推进本币投放，扩大本币的流通范围。在诸如晋察冀解放区中，还设立了兑换所，对法币进行强制兑换。第二，币值控制。为了让市场更加认可本币，在投放本币之初将本币与法币的比价定得更高，市场认为本币更加合算。同时冀东解放区要求各银行向前推进，在边境以高于黑市的价格抛售法币，客观上推动了法币的通货膨胀。第三，教育引领。晋冀鲁豫解放区内不断针对平民开展"蒋钞必垮"的宣传教育，在黄河以北地区，国民党军队一旦离开，法币便不再通行。

金融与政治军事的作用是互相促进的。一方面，中国共产党在国共内战中的优势不断凸显，解放区的实际控制范围不断扩大，法币的使用空间受到挤压，大量的法币集中到了更小的区域，法币承担的通货膨胀压力不断上扬，而以冀南币等为代表的解放区货币被接受程度不断提升，很多边缘地带的法币几乎退出流通。另一方面，解放战争后期，解放区纸币的市场信用日益坚挺，在战场周边能够轻松地用纸币采购战争物资，而国民党军队携带的法币因为通货膨胀和假币泛滥等原因，屡遭拒收，在很多地区只能通过强行劫掠补充物资，不仅牵制了战斗力，也造成了恶劣的社会影响。

1948年之后，国民党军队的连续溃败推动法币进入了超级通胀阶段。随后的金圆券和银圆券不仅没有解决通货膨胀的问题，反而进一步加速了法币体系的崩溃。货币体系崩溃的影响远远超过了金融治理本身。读者可以设身处地地想一想，当一段时期内中国的股市下跌10%，整体的市场氛围就会低落，如果短时间内下跌30%，已经算是十分严重的股灾。然而1948年之后，超级通胀在一年的时间让持有法币的人现金财富灰飞烟灭，而这些没有固定资产的人大多是底层百姓，财富的毁灭会迅速激起社会群体对政府的仇视。而反观解放区政府，土地改革已经陆续在新解放的区域展开，土地作为绝大多数中国农民最为珍视的资产如今分配到人到户。无论是共产党还是国民党，兵源主要来自农民。一边是哀鸿遍野，一边是斗志昂扬，军队士气的差距不断加大。随着苏联的军事补给不断充沛，三大决战时期，解放军出现了人越打越多、装备越打越精良的趋势，而国民党之前一直依托的军备和人数优势开始逐渐丧失，辽沈战役之后，胜利的天平开始向中国共产党偏移了。

三、干预还是管控？新中国成立之初的金融治理

（一）从根据地到全中国：共产党金融治理的铺展与发展

新中国成立之初，中国共产党金融治理的思路与抗日战争时期和解放战争时期是一脉相承的。虽然形式上政府对金融机构和金融活动起主导作用，但是这种主导是通过金融市

场来发挥作用的。

第一是货币统一。随着解放区不断连成片，不同区域之间本来相对独立的币种现在面临着合并。1948年12月1日，通过对各解放区人民银行进行合并整理，中国人民银行成立，并开始发行全国统一的人民币。1949年前后，人民银行提出"固定比价、混合流通、逐步收回、负责到底"的方针，一方面明确了不同根据地之间的货币比价并允许按照固定比价流通，另一方面大力推动不同币种与人民币的兑换。不到一年时间，人民币就在全国范围内成了统一货币。

第二是控制通胀。从宋元时期纸币时代开启以来，几乎所有的纸币最终都难以逃脱通货膨胀的结局。目睹了国民党在大陆统治末期的通货膨胀，新中国立即开始着手统一的财经管理，努力制止通货膨胀。陈云曾经说过："世上没有点金术，也没有摇钱树，又要养活900万人吃饭，所以路只有两条，印钞票和增税。靠印钞票的路我们不能走，稳妥的办法是在税收上多想办法、打主意。"[①]1949年10月，在新解放区抓紧征税的同时，新中国政府为了稳定物价开始了全国范围内的打击投机倒把斗争，先后平抑了针对银元和粮食纱布等日用物资的投机活动，基本稳定了物价和社会秩序。

---

① 1949年中共中央财政经济委员会第八次常务会议。

第六章　金融干预的红色模式

第三是信贷治理。新中国高度重视金融市场对信贷业务的调节作用，并建立起了多样灵活的信贷管理体系。1950年3月，中国人民银行发文指出："今后物价稳定，利率的掌握应以经济整体和各行业利润为主要准则。利率的高低与变动，将是左右市场的主要因素，将影响整个经济活动……各区、分行深入研究，妥慎掌握利率，在总的方针下发挥利率应有的效能。"1951年2月9日，中国人民银行提出利率政策和掌握原则，"国家银行对公营企业利率存放采取两低，利差从低；国家银行对私营企业利率采取存放两高，以接近市场利率。大中城市的私营行庄利率，通过各利率委员会，实现国家银行在利率政策上的领导作用。利率既不能脱离市场，也不能追随市场利率朝定夕改。"对公存款利率为月息千分之三，对私存款月息为千分之三十九，信用贷款利息为月息千分之十五，农业贷款利息为千分之十左右。同时，针对不同区域实际经济发展情况和金融市场情况的不同，设定了多元化、多层次的利率管理体系。

第四是外汇治理。新中国成立之前，共产党在与国民党、日伪政府和日军进行斗争时深刻意识到外汇管理的重要作用。随着解放战争的局面不断向好，人民币汇价开始被国际市场关注。平津战役结束之后，国民党对华北的统治基本肃清，作为中国重要代表货币的基础已经成熟。1949年1月18日，中国人民银行在天津首次公布人民币兑美元的汇率，挂牌价为1美元兑800元人民币，国民党败退之前的超级通货膨胀也影响到了人民币，1950年，人民币汇率下调到了1∶42000，随后又上调到1∶26170，并随着国内市场环境和货币供需进行跟踪和调整。

中国共产党这一时期的金融治理有鲜明的由国家主导、市场决定的特点，在金融政策的具体执行层面，与那些金融国有化程度较高的西方国家其实并无二致，尤其是翻开这一段历史的细节，中国共产党在金融治理过程中的很多做法甚至比国民党要更专业更有效，不仅有货币金融、货币银行学等理论指引，更有接地气可执行的具体实践。有学者将这一时期中国金融治理与苏联在20世纪20年代的"新经济政策"类比。虽然两者都是社会主义政党领导之下对市场的运用，但不同的是，"新经济政策"更多的是面对特殊经济现状进行的反思和调整，而新中国成立初期的经济政策其实是对革命斗争以来共产党经济工作的继续总结和持续应用，也是遵义会议以来实事求是的党内作风的延续，两者有着截然不同的厚度。

但相同的是，"新经济政策"和新中国初期的金融治理，都太短暂了。

（二）政府干预金融之巅："斯大林式"的金融

战后中国金融秩序逐渐稳定，社会主义建设成了中国共产党下一步的重要工作，而高度集中的苏联式金融治理模式的形成一方面就是三大改造的产物，另一方面也通过对资源的集中和调配推动了中国工业化进程。

1952年9月，中国人民银行计划工作会议通过了《中国人民银行综合信贷计划编制办法》，确立了"统存统贷"的信贷管理原则，在此原则之下，各级银行吸收的存款统一上缴，各级分行发放的贷款由总行统一分配。

1954年，中国人民银行全国分行行长会议中，李先念副总理说："要使银行成为信贷中心、结算中心和现金中心。银行办理信贷、结算工作，要保证工业城市和市场稳定的需要，也要有计划……银行是国家的总会计，是国家领导企业施行经济核算的一个杠杆。"[①] 会议特别强调，信贷计划已经成为国民经济计划的组成部分，必须与财政预算及国家经济计划相结合。在苏联专家的支持下，7月中国人民银行推行《银行现金调拨暂行办法》，各级银行只能在人民银行总行批准的现金出纳计划内发行库款，这种做法使得人民币现金的投放严格

---

① 1954年中国人民银行分行行长会议。

被框定在了政府的规划之下。

1955年3月,根据国务院指示,中国银行和财政部通过与有关部门共同研究,取消商业信用。报告中给出的原因是"因为商业信用的存在,很大一批资金搁置在清算过程里,不能及时参与到生产与商品流转的正常需要中"。商业信用的消失意味着主要的信贷业务也在实际上脱离市场了。

1953年之前,由于不同区域的金融环境并不趋同,因此国内的不同金融业务的利率水平是允许存在差异化的,在地方银行的分支机构拥有在一定范围内调整利率水平的自主权。1956年9月,国务院要求中国人民银行对所有存贷款利率统一制定,报国务院审批之后由全国各银行统一执行。通过这种方式,政府对利率市场完成了直接管控。

政府对金融的彻底管控使金融活动脱离了市场化的信号,也使得外汇汇价的确定难以及时反映国际货币需求和金融波动。从实践情况看,人民币汇率长期被高估,1964年,黑市1美元兑换人民币6.4元,而官方的汇率却仅仅是1:2.4618。

在1957年中国第一个五年计划结束之际,高度集中的金融管控模式已经在中国形成了。这种"斯大林式"的金融治理模式出现既有着偶然也有着必然。第一,中国金融史上有着浓厚的国家主义倾向。无论客观效果如何,历朝政府都没有放弃过金融治理。无论是民国政府还是共产党,都不同程度地实现了金融的国有化,这是高度集中的金融制度可能存在的重要政治基础。第二,中国当时面临着严峻的国内外形势。从国内看,新兴政权还面临着敌对势力的破坏,局部的骚动和挑战时有发生。从国际看,抗美援朝战争正式打响,国家财政捉襟见肘,需要更多的资金用于工业化建设和备战。第三,苏联在对社会主义国家进行物质支持的同时,也不断传播社会主义建设的经验,中国虽然不同于"二战"结束后在苏联直接帮扶下成立的社会主义国家,但是长期以来与苏联保持良好的关系,苏联的成功也吸引了中国的政策制定者。第四,在冷战开始的背景下,毛泽东同志提出"一边倒",苏联对中国进行经济和人才援助的过程中客观上也需要一个通畅的相似经济模式来提高对接效率。

"斯大林式"金融模式在特定的时期内对中国工业化发挥了重要的作用。同苏联一样,在政府主导之下,金融体系对社会资源进行了整合和再分配,"好钢用在刀刃上"。这推动了中国工业体系的发展,也让中国由农业国迅速踏上工业化的道路。

此时高度集中的金融治理模式已经不再是简单的政府"干预"。所谓"干预",意味着在一定的框架之下施加影响并对过程和结果进行引导。而此时中国的金融模式已经让市场不再发挥作用,政府成为决定金融活动供需的唯一力量,远远超出了"干预"的范畴，成为实质的金融控制。从 1953 年到 1978 年，政府在这 25 年中对金融供给、需求、价格的直接管控在中国政府金融干预史上可谓空前绝后，而它给中国社会面貌和金融发展道路带来的影响则一直延续至今。

（三）问题和思考

高度集中的金融治理体系便于国家"集中力量办大事儿"，这种模式有两个重要的特点，第一是行政对于市场变化的判断和适应相对更慢，金融资源调配的摩擦性低效始终存在。第二是高度集中的金融治理模式对政策的传导速度极快。因此当决策质量不高时，其高速的传导机制和相对机械滞后的调整机制将会让不成熟的金融政策迅速产生大规模的负面影响。在改革开放前的 30 年间，中国政府在金融治理方面取得了卓越的成就，但是在其间风潮的冲击下，金融治理也出现了一些危机。

我们从货币说起。施行人民币制度后，仍然可能发生通货膨胀。新中国成立初期对这一问题思想上是明确的，因此在工作中十分重视控制货币发行，制止通货膨胀，争取稳定物价。但进入第一个五年计划之后，国内广泛学习苏联、学习斯大林经济学说，认为在人民币制度之下，货币发行有物资保证。因为社会主义生产的发展和商品流通的扩大，不存

第六章　金融干预的红色模式

在通货膨胀和通货紧缩的问题。为了尽早完成第一个五年计划，政府采取了积极的财政政策和信贷投放，1956年基本建设投资较上年增长54.7%，年末的货币流通量同比增加42%。陈云提出建设规模要和国家财力、物力相适应，财政、信贷物资要实现综合平衡，1957年狠抓综合平衡，纠正急躁冒进，市场上货币流通量减少了7.88%，随后通货膨胀才有所缓和。1958年，"左倾"激进主义传导到了金融体系。"大跃进"期间，市场货币流量从1957年末的52.77亿元增加到1960年末的95.89亿元，增幅高达81.64%。国营商店零售品价格上涨幅度虽然很低，但是却无货供应。集市交易的价格远远高于国家牌价。1961年，商品零售物价总指数达到116.2%，已经出现了严重的通货膨胀。基础建设投资也不断扩大，1958年、1959年分别较上年增长87.7%和30.0%，1969年和1970年分别较上年增长77.6%和55.6%。由于基本建设投资过大，财政赤字压力骤增，信贷被挤占挪用，货币发行过多，导致当年和下年度产生通货膨胀。

再看信贷。在集中的金融治理结构之下，信贷的资产端和负债端价格全部由政府决定，价格失去了调节供需均衡的作用。从1953年到1978年之间，银行的存款中财政性存款占比几乎都在40%以上，远远超出城市储蓄存款和农村储蓄存款，这是由于财政收支在国民收入分配和再分配中占据主要位置。然而全国范围内人均储蓄存款额依旧非常有限。1953年，全国人均储蓄存款为1.5元，1975年这一数字也仅仅为16.13元。第一个五年计划期间，政府为了给工业化建设提供资金支持，4次降低工业贷款的利率和储蓄利率，由于当时没有任何市场化的存贷竞争，因此国内的金融供给和金融需求缺乏刚性调节，价格信号不影响金融活动。1957年，国营工商业贷款月息为千分之六，城乡居民储蓄存款月息为千分之六点六，不仅国内利率水平大幅降低，而且出现了存贷利率的倒挂。"大跃进"和"文化大革命"时期，储蓄存款利率月息降低至千分之三左右，最终在"左"的思潮影响之下，储蓄利息被视为剥削收入而取消。

当然，金融治理并不仅仅是货币和信贷。也有观点认为这一时期金融波动是政治治理而非金融治理本身带来的。我们抛开这一期间的政治波动，高度集中的金融治理模式本身仍然会带来问题。一方面，国内国际环境之下，政府急于取得经济建设成果。而这样的治理模式更容易让人迷信强劲制度能够带来的影响力，进而容易产生强调主观意志和忽视客观规律的决策习惯。另一方面，计划经济体制下缺乏市场经济下的约束机制。如果没有十分严格的监管机制，政府很难长久克制货币发放、政府支出、宽松信贷等带来的吸引力，并最终导致市场的货币量持续增多。不适当地利用计划体制上的集中统一来追求高速经济发展时,严格计划管理的金融业务也往往被不适当地运用而异化为信用失控的启动器,加深了国民经济发展中的矛盾和问题。

下 篇

当代金融治理实践与方向

历史的重要作用在于能够映照现实。通过中国政府金融干预的演变历程，我们可以更清楚地理解当前中国金融治理模式形成的原因。金融改革是改革开放的重要内容，不仅因为它本身就是社会治理的重要领域，同时也因为其与国有企业改革、税制改革、市场经济体制建立等多个领域的改革关系密切。如今，中国政府面对的是全球最大、参与主体最多的金融市场之一，如何更深刻地吸取曾经的教训，如何更恰当地利用别国的经验，如何更稳地走好未来中国金融之路，都摆在了中国政府面前。

本篇主要围绕当前中国的金融治理展开。第七章介绍改革开放之后，中国政府是如何逐步改变计划体制之下的金融治理模式，并建立起以市场为核心的金融治理体系的。第八章介绍了当前中国政府金融治理的基本框架，以及对于金融开放问题的思考。第九章回顾了典型国家政府进行金融治理的模式和特点，分析了中国政府进行金融干预的重点和难点，并对未来中国政府进行金融治理的方向进行了展望。希望本篇内容能够让读者了解当前中国政府金融干预框架的同时，也能引导读者思考未来金融治理的方向。

第七章　改革开放以来中国金融干预的变迁

古人云，欲成非常之功，必待非常之人。带领中国迈出金融改革步伐的，究竟是什么样的人呢？

改革开放以来，中国政府进行金融干预的模式发生了重大变化，这种重大变化是全国范围内经济政策重大调整带来的。新中国成立以来，中国共产党长期坚持的金融治理模式经历了短暂的调整之后迅速转变为高度集中的金融治理模式，金融市场的作用被行政指令取代，政府对金融管控能力空前强势，在新中国成立之初推动了中国尽快走上现代化的轨道，另外在计划经济体制之下中国金融治理也暴露出一些问题。改革开放以来，政治上和组织上的准备为金融体制的调整创造了良好的社会环境，中国在这一阶段深刻反思和总结了之前金融工作存在的问题，逐渐形成了新的改革思路，重拾市场的作用。这种调整在主要的思路和精神上对新中国成立以前中国共产党实事求是的金融工作作风进行了回归，一批有着丰富金融斗争和金融建设经验的重要高层领导干部也认真环顾了其他经济体的治理思路，在完善金融建设框架的同时也认真地思考如何在新的历史阶段对金融活动进行干预。虽然这一阶段有着很强的过渡特征，但是政府面临的挑战却空前巨大。如果政策改革得不够彻底，局部的调整很难起到牵一发而动全身的作用，反而让政府在屡次政策调整失败之后失去威严，经济上的沉疴痼疾将最终衍生成为政治上的怀疑和失信。而如果政策转弯太大太猛，社会财富的生产规则和分配规则大幅调整会对当前的社会秩序产生重大冲击，没有任何人能够保证新的改革在一开始就能做到精准无误、药到病除，难以评判政策的质量和普适性，政府几乎失去了容错空间。这些历史教训分别出现在20世纪80年代和90年代的社会主义国家，共产党在东欧和苏联统治遭遇多米诺骨牌一样的连锁反应，很大程度上是没有统筹好改革的力度和节奏。

创业值得敬仰，守业同样不易。中国是社会主义阵营中唯一实现平稳改革的国家，艰辛曲折而波澜壮阔的改革历程成为20世纪80年代以来中国模式的重要标签。40多年的改革历程让中国社会经济面貌大为改变，但是若仔细审视改革的细节，会发现不同领域的改革进度是不同的。如今，中国诸多社会经济领域的现代化程度很高，政府治理在很多层面已经处于世界前列，但是同样有很多领域的制度改革还在探索之中。客观地说，相比于当前中国其他领域治理体系，中国金融领域的制度建设与发达国家的差距仍然较大。难道是金融治理本身比较难吗？其实不尽然，实体经济领域的治理比金融体系涉及面更广、内容更复杂，中国却构建起了高效、先进的治理框架。金融治理的改革之难，其实并不是难在金融本身，而是难在金融业务广泛和深入的影响力，难在金融国际协作较高的合作成本，难在金融较高的技术门槛，难在历史长期留存下来的较大的国内外差距。

古人云，欲成非常之功，必待非常之人。带领中国迈出金融改革步伐的，究竟是什么样的人呢？

一、改革的启动键

（一）制造市场：从"管控"到"干预"

政府对金融市场的干预本身有隐含的前提，即政府对金融市场的重要要素并非直接控制，金融市场在其自身的规律之下运行，而对这种运行施加影响才构成了干预。在高度集中的金融体系之下，金融运行规律已经改变，政府对金融指标的管控可以直接实现，所谓干预其实不复存在。高度集中模式带来了一系列的弊端，改革开放之后，政府进行系统的经济改革措施，其中涉及金融业的很多。

1979年，改革的基本方向是在坚持实行社会主义计划经济的前提下，发挥市场调节的辅助作用，国家制定计划也要充分考虑和运用价值规律；对于全局性、关系到国计民生的经济活动，仍然由国家集中统一领导；对于不同企业的经济活动，则给以不同程度的自主决策权，同时扩大职工管理企业的民主权利；改变单纯依靠行政手段管理经济的做法，把经济手段和行政手段结合起来，注意运用经济杠杆、经济法规来管理经济。围绕这个基本方向，针对金融领域的改革思路也逐渐清晰。同年3月，《人民日报》发表《全党要十分重视提高银行的作用》，指出"不少领导人不懂银行工作重要性，把银行当做是一个办理收收付付的大钱库"，"需要的时候才想到银行。有的甚至把财政资金同信贷资金混同起来，靠行政手段办事，做了许多违反经济规律的事"。在这一时期，党内对于金融机构特别是银行等应发挥作用的认识开始转变，其中一个重要的变化就是将银行作为接受市场检验的经营主体，而非政府财政的一个职能部门。1979年10月，邓小平提出"银行应该抓经济，现在只是算账、当会计，没有真正起到银行的作用……银行要成为发展经济、革新技术的杠杆，要把银行真正办成银行"。对于银行地位认识的变化反映了政府进行金融调整的思路，这一时期的金融改革与改革开放的整体步调基本保持一致。

1984年党的十二届三中全会召开，中国经济体制改革全面展开，明确提出"建设中国特色的社会主义道路"，"社会主义阶段最根本的任务就是发展生产力"，"把对内经济搞活、对外施行开放政策"，并且明确提出了"以计划经济为主，以市场调节为辅"。金融成为党内这一阶段高度重视的问题。1986年邓小平要求"金融改革的步子要迈大一些……我们过去的银行是货币发行公司，是金库，不是真正的银行。对于金融问题，我们认识不足，可以聘请外国专家顾问"[①]。在全面深入推进金融体制改革之前，1987年中国人民银行提出建立新型金融体制改革要实现的四个目标。一是建立以间接调控为主要特征的宏观调控有力、灵活自如、分层次的金融控制和调节体系。二是建立以银行信用为主体，多种渠道、多种方式、多种信用工具筹集和融通资金的信用体系。同业市场建立，债券股票开始发行和交易，银行信贷领域不断扩大，金融租赁、保险业务开始开展。三是建立以中央银行为领导，各类银行为主体，多种金融机构并存和分工协作的社会主义金融体系。中国人民银行专门行使中央银行职能，中国工商银行承担工商信贷和储蓄业务，中国人民建设银行主办固定资产投资贷款，国家专业银行基本框架逐步建立，上海和深

---

① 1986年12月19日，邓小平题为《企业改革与金融改革》的谈话。

圳交易所成立。四是建立金融机构现代化管理体系，支付清算系统不断建立，国家专业银行开始施行企业化经营。围绕这几个目标，中国开启了金融机构改革、宏观调控体系建立、金融市场完善和丰富、金融机构现代化管理体系强化、抵御金融风险等工作，并且取得了显著成绩。

1992年，中共十四大明确提出要建立社会主义市场经济体制，党的十四届三中全会的诸多内容涉及深化金融改革，其中"转变政府职能，建立健全宏观经济调控体系"奠定了社会主义市场经济体制之下金融体系的基本框架，并明确了改革开放以来金融机构在改革上仍然存在的尚未突破的重要问题，其中关于金融机构市场化、金融调控间接化、金融服务高效化等备受关注。1993年12月，国务院出台《关于金融体制改革的决定》和《关于进一步改革外汇管理体制的通知》，以国家制度的形式出台了金融体制改革的四大目标：确立强有力的中央银行宏观调控体系，实行政策性金融机构与商业性金融机构分离；建立统一开放、有序竞争、严格管理的金融市场；改革外汇管理体制；协调外汇政策和货币政策。这四大目标之所以十分重要，是因为它们从金融市场的参与者、金融主体的活动规则、金融市场的运行逻辑以及金融国际化等方面对中国金融发展进行了规划。当前中国金融的改革道路也基本上是相关规划的延伸，同时也有很多改革要求至今仍在探索具体的实现方式。

如果对比同一时期中国和其他计划经济体制的国家,可以发现对于市场作用的突破总是面临着很大的困难,对于经济道路的共识远非中国这样顺理成章地达成。当然,对于当时的中国而言,对市场形成共识也并不是一蹴而就的事情,而是特定政治和社会背景之下的艰难之举。从结果上看,中国从20世纪80年代开始,已经形成了明确的金融改革计划,并且在实践中不断丰富和完善具体的落实方案。这一系列金融改革计划,归根结底都是在向传统的计划金融体制告别,推动金融领域的市场化进程,市场化的出现也让干预本身成了有意义的命题,也彻底革新了政府与金融的关系,让金融成为金融的同时,也让政府成为政府。

(二)价格的出现:从"单轨"、"双轨"到"闯关"

价格本质是能够支付得起商品标价的最低出价人所给出的最高价格,也是商品生产者愿意将商品卖出的最低价格。均衡价格能够保证具有支付能力的人刚好能够买到商品,也能保证生产出来的商品最终都能够销售掉。对于同一个商品而言,有无数的买方和卖方参与决策,使得价格的变动非常准确和及时,价格不仅是供需情况的反映,也对供给和需求的规模进行灵敏调节,这也是价格成为市场经济最重要指标之一的原因。而计划经济体制之下，供给、需求和价格都由政府规定，三者之间的关系被打破。没有了价格，市场没有了交易供需的信号，也就无法进行市场化的交易。而这就是改革开放之前国内商品市场的基本面貌。

长时间以来，中国商品的价格都是固定计划，定价权由中央政府掌握，决策集中、形式单一，且定价方式完全行政化。1973年12月，施行国家定价的零售商品总值占社会商品零售总值的97%。这种情况导致管理体制僵化，价格不能灵活反映市场变化，同时扭曲了价格结构，不同产品之间的比价严重偏离实际，不同行业之间的利润也因对原材料和销售价格定价的差异而千差万别，以政府"单轨"调控为特征的定价模式构成了改革开放之前的中国价格体系。

"单轨"价格调控带来的问题很早就引起了中央政府的重视，但是对于问题的原因，党内却有不同的观点。有人认为当前价格结构扭曲的原因是计划性定价模式导致的，需要让市场在定价中发挥作用。有人恰恰相反，认为政府对定价管理得还不够全、不够细，要进一步提高政府的定价质量。在当时计划经济体制的大背景下，第二种声音占据了上风。1977年4月，国家物价总局成立；8月，全国所有县以上各级政府、相关政府部门、工厂、商店建立骨架管理、定价机构，配备定价人员，自此国内出现了覆盖全国、从中央到地方的物价管理和定价系统。改革开放之后，政府更加注意发挥市场的力量，1982年提出"计划价格为主，自由价格为辅"，采取"以调为主，以放为辅"，提高了农产品、主要副食品、部分生产资料出厂价格和交通运输价格，同时放开了部分农副产品、部分工业品以及部分日用小商品的价格，恢复和发展城乡集市贸易。随着市场定价部分的规模逐渐扩大，市场对于商品价格的影响越来越明显，1984年10月，党的十二届三中全会通过《关于经济体制改革的决定》，提出"价格体系的不合理，同价格管理体制的不合理有密切的关系。在调整价格的同时，必须改革过分集中的价格管理体制，逐步缩小国家统一定价范围，适当扩大有一定幅度的浮动价格和自由价格的范围，使价格能够比较灵敏地反映社会劳动生产率和市场供求关系的变化"。实践和政策都认可了市场对价格的意义，1984年莫干山会议之后，有关价格"双轨制"的讨论被迅速扩大，中央政府承认了当前价格"双轨"的过渡现状，并一直在思考如何尽快突破价格"双轨制"阶段，实现市场化的价格体系。

进行价格"闯关"是经历了一系列理论界讨论之后的最终决定。1985年之后，价格"双轨制"面临的问题越来越多，"官倒"盛行，腐败猖獗，市场供给短缺的情况仍未解决，通货膨胀高企，物价持续波动。1985年7月，邓小平指出"物价改革是个很大的难关，但这个关非过不可"①。1987年到1988年间，要进行价格闯关的政策信息不断被释放，全国层面出现了严重的通胀预期，伴随而来的是大规模的抢购和挤兑。1988年6月，全国主要城市生活品价格较上年同期上涨20%以上，全国范围内商品价格出现了大规模波动，甚至引发了社会事件。9月23日，国家开始"治理整顿工作"，"价格闯关"就此终结。

通过一次性改革突破价格"双轨制"的尝试受挫之后，中央开始用渐进方式继续推动价格并轨。1989年开始，中央开始收紧财政和信贷，并有计划地对粮食、能源、交通运输产品和服务价格进行调整，并开始逐步温和地引导日用消费品的价格。1991年，中国政府将价格浮动目标稳定在6%。经过3年的管控，国内物价水平已经基本稳定，国家除了对日常生活品价格进行引导之外，还对上游生产资料的价格进行调整。1992年，邓小平南方谈话之后，物价部门有计划地加快价格形成机制的市场化进程，部分商品价格放开并逐渐形成内外价格的并轨。为了避免价格放开带来的其他问题，政府强化了对放开价格的管理，密切跟踪和统计价格放开商

---

① 1985年7月11日，邓小平在听取中央负责同志汇报当前经济情况时的谈话。

品的物价变化,对暴涨暴跌的商品及时进行价格管控,并要求主管部门和相关厂商落实价格管理的主体责任,1992年物价浮动/上涨水平严格控制在了6%以内。1995年,市场价格计算的农产品占83%,工业产品占84.4%,零售产品占91.2%,至此,经历了千辛万苦之后,市场化的价格体系在中国基本确立了。

(三)政府干预的边界之问

中国政府在这一阶段的金融治理思路相比于之前呈现出了很多鲜明的特点。第一是回归了对市场的重视。与新中国成立前在市场化条件下形成的金融治理逻辑的暗线再次契合,在实事求是的工作作风之下开展各项工作。第二是高度关注理论的作用。理论的探索使得政府应对通货膨胀时有了更为充分的思考,学者和技术官僚对于金融政策走向的影响开始变得更加重要。第三是采取渐进式调整的工作方式。新中国成立以来,中国通过运动式的工作方式在社会经济建设的多个领域取得了辉煌成就。改革开放以来的金融改革,渐进式的改革方式逐渐成为主流,即便"价格闯关"从形式上看是一次价格管控的突然举措,但在事前也经历了充分的路径讨论,是一次在当时客观条件之下已经进行了充足准备的尝试。这种渐进式的工作方式一直贯穿了改革开放以来中国几十年的发展进程。

20世纪最后20年中，中国政府在金融干预的方法论上积累了丰富的经验。在20世纪之前的漫长历史中，中国政府对金融干预的程度整体不足，特别是明清以来丧失了对货币系统的掌控后，国家治理能力一直没有实现量级的提升。从晚清开始到新中国成立前夕，政府实际上增强了金融干预的能力，并形成了国家层面对货币的统一管控。但是这一阶段中国政治军事局势动荡，金融治理的精细化程度还有待提升，政府干预的"有形之手"似乎还可以向前再伸展。

那么，政府进行金融干预的边界究竟在哪里呢？

新中国成立以来，高度集中的经济模式使得政府对金融进行了彻底的管控，金融活动的主要要素完全在政府控制之下。人们逐渐发现统筹海量的变量似乎超出了政府的治理能力，粗放式的管控带来的资源配置扭曲影响了社会经济的发展，过于全面却并不精细的干预并没有带来政策质量的改善。改革开放以来，无论是对金融市场的培育，还是对价格机制的培育，其核心都是为政府和市场的治理转换做好交接。在政府的直接管理退出部分领域之前，做好相关基础设施建设，为市场的接手做好平稳过渡。但从实际情况看，这种交接工作并不容易，当时很多与中国面临同样问题的国家选择了一退了之，市场力量野蛮进入，巨大的金融波动给国计民生带来了伤害，从 1978 年到 90 年代中期，中国的金融市场化准备超过了 15 年。

15 年的时间，就是为了把要交接的领域打扫得干干净净，等待它的新主人。

二、重塑干预框架：金融治理体系的建立

（一）回归央行：中国人民银行职能的明晰

货币是政府进行金融干预的最重要的手段之一，央行是货币管控的直接抓手。不同国家央行的组织形式有所不同，成熟经济体的央行都有一个鲜明特点，即政企分离。央行是政府重要的经济部门，通常不会直接参与金融企业的业务经营，否则就会出现既是裁判员又是运动员的情况。在集中的金融管理制度下，中国人民银行除了央行职能之外，依旧承担了诸如信贷业务等直接的金融经营业务。

1983 年 9 月，国务院决定中国人民银行专门履行中央银行职能，明确指出中国人民银行是国务院领导和管理全国金融事业的国家机关，不对企业和个人办理信贷业务，集中力量研究和做好全国金融的宏观决策，加强信贷资金管理，保持货币稳定。而其原有的工商信贷业务和储蓄业务则专门成立中国工商银行予以承接。同时要求施行法定存款准备金制

度，财政性存款由人民银行支配使用。如此一来，中国人民银行实现了政企分离，彻底成为国家的金融经济职能部门。为了与中国人民银行的职能配套，其分支机构设置也进行了调整。1985 年，人民银行恢复县市层面的分支机构，形成了覆盖全国各个层级的央行体系。

随着金融改革的不断深入，市场对央行的职能提出了更多要求。1994 年 1 月，中国人民银行印发《人民银行分支行转换职能的意见》，对分支行的职能做出了具体规定，明确了分支行要贯彻国家货币政策、维护金融秩序稳定，强化区域内金融监管职责，为金融机构稳健经营和金融市场有序运作提供服务。在此基础上，央行总行对分支机构的职权进行了进一步调整，将地方分支行对专业银行和商业银行的再贷款业务权限收归总行，分支行停止办理政策性贷款业务，分支机构施行独立的预算管理，取消利润留成。通过对央行分支机构的管理，让各层级央行更加聚焦主责主业，提升了传导国家货币政策的能力。

外汇管理一直是央行重要的职责。1982 年之前，国家外汇管理总局和中国银行是同一个机构，之后政企分离，外汇管理的职能划归央行，1986 年明确由央行代管。至此，中国的外汇管理工作也纳入央行统一指导范围之内。

对于中国人民银行行使的央行职能在金融改革实践中陆

续调整,与正在不断开展的金融市场化改革相适应。1995年《中华人民共和国中国人民银行法》正式颁布,标志着中央银行的改革实践成果通过国家法律的形式得到了巩固,央行治理的规范化开启了金融机构进一步法制化改革的先声。此后虽然中央银行的职能还进行了调整和充实,但基本框架没有再经历大的变动。

所谓纲举则目张,中央银行的职能理顺之后,政府进行金融治理和金融干预有了规范化和制度化的抓手,进一步金融改革无论在思路上还是实践上都有了明确的方向,开始进入了稳健的加速发展道路。

(二)金融主角:银行体系重构

中国政府并不是唯一希望能够有效治理金融的政府,但并非每个经济体都能够实现对金融的有效管控,其中当然有政府决策质量的原因,但同时更重要的影响因素在于金融治理体系是否有效。因此,实现高质量的金融治理,搭建起有效的金融治理体系就显得十分重要。

俗话说"射人先射马,擒贼先擒王"。进行金融体系的调整要从最重要的金融机构要素入手,不同的经济体中,占据主导地位的金融机构是有所不同的。中国是非常典型的银行体系占据金融主导地位的国家,主要资产负债业务都来自商业银行。新中国成立以来,银行体系随着经济政策的变化几经调整,但始终在金融体系中占据主导地位。改革开放以来,国内经济政策调整和中央银行职能转变促成了具有中国特色的银行体系,这一套体系也最终成为政府干预金融的支点。

国家专业银行的调整。当前为人们所熟知的"工农中建"四大行的格局在改革开放之后开始重新调整和确立。1979年2月,国务院发布《关于恢复中国农业银行的通知》,农业银行成为中国人民银行代管的直属机构,由此拉开了国家专业银行改革的序幕。3月,国务院转批中国人民银行《关于改革中国银行体制的请示报告》,中国银行从人民银行原来的国际结算部门分设开来,并进一步明确了中国银行和国家外汇管理局的差别,中国银行主要承担企业职能。1983年9月,国务院将中国人民银行的工商信贷业务和储蓄业务从央行职能中分离,组建中国工商银行。1985年11月,中国人民建设银行由原来隶属于财政部拨款单位划拨至中国人民银行信贷体系,信贷业务上受中国人民银行领导和监督,1996年3月26日,正式改名为中国建设银行。

四大行成立之初,虽然负债端的业务同时开展,但还是主要承接国务院特定要求的相关业务,在资产业务方面有着较为明确的分工。随着社会经济发展和经济体制改革的深入,国家提出"一业为主,适当交叉"的方针,专业银行在资产端的业务开始出现交叉，也开始形成国有专业银行框架之下的业务竞争。同时中国投资银行、邮政储蓄汇兑机构的出现和发展也不断丰富了国家专业银行的框架，并为国有银行进一步市场竞争创造了条件。

除了商业银行之外，部分有明显引导性且政策性很强的金融举措同样需要具体的执行机构，如果将这些政策性的任务施加到商业银行头上，则影响了商业银行进一步市场化的步伐。1993年11月，十四届三中全会在借鉴了国际金融治理经验的基础上，"建立成立政策性银行，实施政策性业务与商业性业务分离"的改革措施，1994年，国内陆续成立了国家开发银行、中国进出口银行、中国农业发展银行三家政策性银行。

股份制银行是这一时期重要的银行组成部分。1986年，以交通银行股份制改革为起始，中国陆续成立了中信实业银行、中国光大银行、华夏银行、中国民生银行、招商银行、深圳发展银行、福建兴业银行、广东发展银行、上海浦东发展银行、海南发展银行、烟台住房储蓄银行、蚌埠住房储蓄银行等第一批股份制银行。与此同时还有一大批区域性银行以城市合作银行的形式出现在了国内金融体系中，共同构成了商业银行的重要组成部分。

上述银行有一个显著的特点，就是其主营业务大都集中在城镇，即便是农业银行，其在县级及以上层面的网点依然构成了业务的主流，并且随着社会经济的发展，这种趋势更加明显。那么，当时大量基层地区和广大农村地区的金融服务该如何覆盖呢？城乡信用合作社此时发挥了重要的作用。1986年至1988年，信用合作社经历了快速发展阶段，数量迅速增加，办理的金融服务规模也不断丰富，但这一时期由于信用合作社与地方政府的关系十分密切，经营决策经常受到地方政府的左右，管理混乱带来大量的呆账坏账，严重影响了城乡信用合作社的可持续性。1989年，全国范围内开始了对城市信用合作社的整顿，进一步充实了资本金的数量和信贷流程，同时建立起了独立于地方政府的经营决策体系，城市信用合作社开始逐渐走向规范。1994年开始，部分城市信用合作社转变为城市合作银行。1996年之前，农村信用合作社大多与农业银行挂钩。此前虽然称之为合作社，但其实际上扮演了农业银行的基层网点角色，没有发挥农村合作社本身的作。改革的核心是把农村信用合作社逐步改为由农民入股、由社员民主管理、主要为入股社员服务的合作性金融组织。经历多次改革后，农村信用合作社开始逐渐成为真正合作性质的金融组织。

  银行体系改革的细节和历程并非本书关注的重点，之所以在这里将中国银行体系建立的基本情况进行梳理和说明，是因为成型的银行体系造就了中国金融机体的血管和经络。中国作为一个幅员辽阔、人口众多的发展中国家，如果没有很全面、很精准、很稳妥的抓手，金融改革以及之后的金融干预根本无法在全国范围内展开。工欲善其事，必先利其器。以银行为主体的金融框架的建立，成为新时期政府金融干预新模式的序章。

（三）干预框架：非银金融体系的完善

金融机构并不是仅仅有商业银行，新中国成立之前的中国金融业务也曾一度红红火火。到改革开放初期，虽然经历了社会主义改造运动，很多金融机构在所有制属性上已经为公有或者国有，但是其基本形式依然得以保留。改革开放之后，各种形式的金融机构顺遂社会经济的潮流，开始不断丰富和完善。证券业、信托业、保险业等一度停滞发展的金融形式开始不断发展。诸如《保险法》等相关政策性法规的出台也进一步规范了相关金融业务的运行秩序，政府通过圈定边界、适当放宽的方法不断推动金融业务向前发展。

读者不要忘了，这一时期的改革并不仅仅发生在金融领域。80年代以来，国家高度重视国有经济改革，与金融改革呼应的是一系列重要的国有企业改革举措。随着大量国企向市场化发展，由国有企业本身派生的金融需求也越来越受到重视，企业内部的金融信托、财务公司等金融部门开始广泛出现，并承担起连接企业和金融业的职能，人民银行也逐渐将企业内部的金融活动纳入监督管理范畴，逐渐形成了完善深入的金融治理体系。

与此同时，一些落后的传统金融模式在新的社会经济环境之下显得竞争力不足，开始逐渐退出市场。典当行业就是一个鲜活的例子。1987年，一度停业的典当行业开始逐渐出现，并在调剂资金方面发挥着自身的作用。但很多典当行是作坊形式，规模不大，且没有主动向央行报备，长时间游离在监管之外。1988年经历全国金融波动之后，典当行业形成了大量坏账。1989年全国范围内的整顿之后典当行业基本偃旗息鼓。90年代以来，几经沉浮的典当行业经营开始逐步走上正轨，但因为其管理模式陈旧，与同期现代化的金融机构已经不能相提并论了。

与典当行业命运相同的还有钱庄。20世纪初，钱庄是由中国本土孕育和发展起来的、影响力深远、实力最雄厚的金融机构，对中国近代化进程客观上起到了重要的推动作用。改革开放之后，东南沿海地区又开始出现各种类型的钱庄，其主要作用类似于民间筹资和民间信贷，一方面通过私下方式募集资金，另一方面发放贷款。无论是筹资还是放贷，其利率都远远高于同期政府管理的利率，本质上属于私人筹办的银行。钱庄的出现还引发了20世纪80年代关于是否允许私人金融的讨论。1986年,《中华人民共和国银行管理暂行条例》明确规定,不允许私人设立银行或其他金融机构或经营金融业务。至此钱庄以及类似的民间金融形式彻底退出中国历史舞台。

三、干预的章法:政府金融干预的两个趋势

(一)重要的一跃:从流量干预到存量干预

关于这一时期金融改革具体举措的研究已经十分丰富。这段并不遥远的历史留给了人们很多重要的改革史料,也一直都备受关注。但金融改革的细节本身并不是本书要讨论的重点,这些改革透露出来的政府对于金融的干预思路才是我们尤为感兴趣之处。

改革开放以来,如果从金融业务本身观察,可以大体将改革的主要内容分为货币改革、信贷改革、外汇改革三个方面。这三个方面最终也以利率(汇率)制度的变化体现出来。在改革开放之初,政府尤其关注金融流量的规模,例如高度重视货币的发行量、信贷的新增投放量,并将这些重要的金融变量与政府的经济措施相结合,让金融在一定时期内形成对经济建设的支持。对流量的治理有一个明显的好处,就是

效果立竿见影。政府出现大量财政支出需求，或者需要快速实现政策目标时，增发货币、放松银根就可以实现政策效果。同理，当通胀压力上扬时，政府减少货币增发、收紧银根就可以稳定物价。这种粗放的治理思路在20世纪80年代中后期遇到了很大问题。长期以来的需求抑制政策使得大量以货币形式存在的社会需求隐藏在居民手中，而社会生产力水平的欠发达使得总供给不足。当政府开始逐渐放开商品价格管控，需求冲击会提升商品价格，货币超发的现实迅速落靴，形成了较为严重的通货膨胀。价格闯关所遇到的挫折让政府更加深刻地反思了金融干预的思路。如果没有建立起对整个市场货币存量和潜在生产力的估计，就很难真正对社会经济的发展情况进行预期。随着金融实践的不断进步，政府开始关注金融存量。1996年，中国人民银行将货币存量作为重要的中间目标，形成了不同层次的货币供应体系。

这种对金融存量的治理思路不仅出现在货币管理领域，同样出现在信贷领域。1984—1994年这10年间，中国人民银行对于商业银行在法定存款准备金、信贷计划管理、再贴现、公开市场操作等领域进行了更加具体的规定，其本质是将原本以流量为中心的干预思路向以存量为中心转移。我们可以打一个比方，从改革开放之前到改革开放初期，金融业务在中国扮演的角色更像一个进出水管，当社会经济有需要时，金融的角色就是水流的通道——我们只知道水源是无限的，但对水池的深浅我们很难有详尽的感知，在水池的水满溢之前，我们几乎无法丈量水池中究竟聚集了多少水。改革之后，金融对于社会经济的作用则更像水池本身，政府的眼睛紧紧盯着水位，一旦水位过高，则会想办法将水排出，而水位过低则尽快补充水位。以水位为干预目标，使得政府能够跳出繁芜的各项指标，站在更宏观的视角调控水位。站的位置高了，调整水位的方式和方法也能更丰富，政策工具箱的内容也就更多了。

其实从流量控制到存量控制的变革看上去十分隐蔽，稍有不慎这条主线就会被埋没在轰轰烈烈的改革细节中。虽然从最终的金融框架上看，成熟的经济体都有诸多类似之处，但形成金融治理最终形态的道路是不一致的。这种不一致背后不仅掩藏着经济体金融禀赋的差异，同时也透露着政府对于干预形式的思考。正所谓"幸福的家庭都是一样的幸福，不幸的家庭各有各的不幸"。这种对金融的存量控制之所以对中国十分重要，是因为它终结了中国自明朝中叶以来对于金融市场的放任局面。400年来，以白银为代表、其他各种货币轮番登场的中国一直没能够实现金融存量的测算和管控，即便存在对通货规模的焦虑，但是治理思路的不同让人们片面关注货币流量，而仅依靠西方经济学理论邈远而抽象的指导不足以形成泱泱大国政府对货币存量的聚焦，实践中带来的痛苦和思考让中国金融治理沿着存量趋势摸索向前，也正是这种探索，最终形成了当前中国的宏观调控框架。

从水管到水池，可能才是真正"惊险的一跃"吧。

（二）优雅的治理：从直接干预到间接干预

评判一种干预方式究竟是直接干预还是间接干预，最重要的标尺是其影响的对象究竟是最终希望影响到的目标变量还是中间变量。在计划经济体制之下，国家对于金融变量的影响非常直接，需要让金融服务的价格出现什么样的变化，能够通过行政命令直接反映到具体的变量中。改革开放之后，市场化因素开始影响金融领域，间接干预变得更加重要。

如果想要更加明晰地审视改革开放之后中国金融从直接干预向间接干预的转变，利率管控是最合适不过的切入点了。1985年国家专业银行信贷管理体制实行"实贷实存"之后，对利率的决定性影响因素越来越向市场化因素靠近。之前集中统一金融治理模式的惯性依旧不容小觑，其具体表现就是在利率市场化改革之初，国内金融市场出现了三种相对隔离的利率价格。第一是央行与其他银行之间的存贷款利率市场，第二是对居民和企业的存贷款利率市场，第三是国债和企业债利率市场。理论上讲，在同一时期同一个经济体内，资金的供需情况具有一致性，因为利差带来的套利空间将会迅速磨平不同市场上利率的鸿沟。但在当时不同金融市场主体特征和业务模式差异较大，直接放开带来的不确定性因素会更高，因此中央银行采取渐进的方式逐步放开不同市场的利率。

1985年至1996年，为了应对通货膨胀，央行采取了多次调整利率的措施，针对这一时期存在的经济增速过快、社会需求旺盛、物价增速上涨等现象，央行提高了存款利率以吸收和稳定储蓄，并通过诸如保值储蓄存款等金融产品调节市场的货币供给。同期，中国人民银行开始通过再贷款利率控制商业银行向央行贷款的需求，从源头对市场货币供应量进行了管控。1996年，同业市场拆借利率开放，公开市场操作的进一步市场化，同业间的国债交易市场化程度更高，利率价格对同业之间货币供需调整开始发挥重要作用。

从利率的治理来看，能够发现这一时期间接金融干预有两个特点。第一，国家干预途径发生了明显的改变。之前政府对于存贷款利率等进行了明确规定，不同行业和用途的信贷业务成本与收益有明确限制。此时，央行对于利率只是进行阈值管控，不再进行具体的利率规定，或者设置与市场供需脱节的较窄的上下限。第二，利率本身作为中间调控目标的作用得到了充分尊重，金融市场中的利率是不同形态的资本价格，资本的供给需求能够决定利率水平，同时利率也能决定资本的供需关系。在这一时期，人民银行已经开始运用不同的利率指标来调节货币市场供需，进而影响货币的流动性。

有很多人会问，既然央行的最终目的也是调整货币，为什么不直接对货币的供需进行估算而确定投放量，而舍近求远选择影响路径复杂、响应周期更长的间接变量呢？原因很简单，因为金融市场的决策分散，大量信息集和决策集形成更为精确的供求信号和价格表达。虽然市场信号的形成和传导需要时间，但是其质量和精度要高于直接的政策制定，这也是金融市场化改革的重要价值所在。在随后的金融实践中，政府不断积累间接金融干预的经验，将市场化因素引入更多的领域，并逐渐形成了更加精准的干预体系。这种由间接干预形成的金融治理思路为当前中国经济的宏观调控做好了最重要的准备。

第八章　干预金融的精细化时代

《兰亭序》上讲,"后之视今,亦犹今之视昔"。当百年后修史之人审视当今,所有的细节全都沦为琐碎,所有的悲欢全都定格成笔墨,呈现在人们面前的,同样应该是前人殚精竭虑却锐意昂扬的音容吧。

靠近时代,未必能够看清时代。步入新的千禧年,在中国社会经济高速发展的背景下,金融的规模在不断拓展,金融创新也层出不穷。如今,有无数双眼睛紧盯这一时期政府在中国金融改革中做出的点滴努力。人们脑海中充斥了各种各样的细节,有时确乎有些"乱花渐欲迷人眼"。如果我们更加勇敢地对这一时期的金融变革历程进行抽象,可以明显发现政府对金融的治理和干预始终追寻着历史的逻辑,其围绕的主题与改革开放以来、新中国成立以来、晚清以来甚至上溯至明中期以来的金融治理别无二致,无论这种追寻是刻意为之还是历史趋势之下的必然。

历朝政府都有两种教科书般的治理理想,这种治理理想

第八章 干预金融的精细化时代

也浸入了金融治理的顶层思路。第一是稳定，第二是富强。围绕这两个基本目的，政府牢牢盯住了两个抓手，一个是货币，一个是信贷。可以不夸张地说，中国历朝历代的政府进行金融治理都是从这两个抓手出发的。明中后期以来，中央政府对于货币的治理能力迅速下降，直到400年之后的晚清，中央政府才逐渐占领货币管理的阵地，金融治理能力不断提升。新中国成立后，计划经济体制之下政府对于金融的治理达到了历史巅峰，而改革开放则是对金融干预力度的深刻反思。1979年以来的一系列金融改革，其实是对金融角色的重新探寻，究竟应该将金融放置在什么样的位置能够更好发挥作用呢？更具体地说，究竟应该将货币管理和信贷管理放在什么位置，才是更好的金融治理思路呢？对中国而言，改革金融治理的历程本质上也是重构金融干预模式的历程，金融改革的质量直接影响了金融干预的质量。

时间进入21世纪，市场化改革已经让中国金融治理的面貌焕然一新，通过将财政和金融分离、明确央行职能、创建国家专业银行等方式，中国建立起了银行体系。银行体系同时解决了政府进行货币管理和信贷管理的双重问题，至少在机构准备上这种干预的路径已经基本打通。

但是，政府干预与政府管控是有区别的，其中包含了更多对治理质量和长治久安的诉求，金融体系运作的质量对政府干预的质量有很大的影响。从 90 年代至今，中国金融市场始终都面临着不确定因素，通货膨胀压力、资产质量波动、外汇汇率失衡、系统性风险积累等。这些问题始终伴随着中国金融的发展，政府也正是在与这些问题的磨合中形成了更有效的金融治理逻辑，而这些对金融的凝望、反思、求索、尝试和变革背后，流淌着的依然是中国历史上最古典的金融治理逻辑。

《兰亭序》上讲，"后之视今，亦犹今之视昔"。当百年后修史之人审视当今，所有的细节全都沦为琐碎，所有的悲欢全都定格成干墨，呈现在人们面前的，同样应该是前人殚精竭虑却锐意昂扬的音容吧。

一、寻找金融的位置

（一）商业银行股份制改革究竟改了什么

工欲善其事，必先利其器。在探讨国家干预之前，之所以花费了大量的笔墨介绍金融体系的变革，是因为金融体系是国家干预的路径，金融体系的形态直接影响了政府干预的形态和质量。20 世纪 90 年代以来，以国家专业银行为代表的银行体系占据了金融资产负债 80% 以上的额度，怎么管理国家银行实际上决定了怎么改革国家银行。即使到了 1995 年，

第八章　干预金融的精细化时代

中国政府虽然已经一致认为应该进行商业银行改革，但是究竟应该怎么改？改成什么样？这个时候却远远没有达成共识。如今股份制商业银行看上去是那么的顺理成章，其背后并不全是必然因素，特定历史时期的特定事件在关键时刻拨动了各方利益博弈的天平，并加快了中国商业银行股份制改革的进程。除了惊心动魄的改革之外，这一时期的亮点还在于决策者对金融体制改革的引导和干预，其中洋溢着中国式政治治理的独特智慧。

商业银行股份制改革是在特定的背景下展开的。20世纪90年代，国有银行对国有企业的支持已经超过了商业经营应有的范畴，银行贷款实际成为类似财政补贴的另一种形式，大量不良资产沉淀在了国有银行内部。如此一来，国有企业每年面临着巨额的利息支付压力，却没有办法腾出资本空间拓展业务改进效率，商业银行为了避免坏账的实现，不得不持续注资，根本没有资源拓展新的业务，银行和企业进入了互相纠缠的恶性循环。这样带来的恶果就是国家的金融资源根本不能直接注入国有企业。1998年亚洲金融危机让中国政府意识到国家金融安全的重要性。2001年中国加入WTO倒逼中国政府加快金融改革步伐。2002年，国有银行股改方案正式出现。通过不良资产的处置、风控体系的逐渐建立等一系列尝试，中国政府在2003年坚定了国有银行股份制改革的决心。并通过一系列讨论后形成了具体施行的方案。2005 年，中国建设银行首先完成了股改上市。对于商业银行而言，股份制改革促使商业银行进行不良资产剥离，而为了填充商业银行资本金以及让不良资产出表，中国政府又进行了一系列金融工具的创新。股份制改革使得股东背景更加多元，让商业银行的经营独立性进一步增强。国有银行股份制改革过程与国有企业治理的现代化同时推进，增强了中国金融体系的效率。

从政府干预的角度看，商业银行股份制改革无疑是这一时期最重要的金融大事。政府在这个过程中寻找到了与金融的合适距离，通过引入外来资本来推动公司治理结构的改革，提高商业银行经营的效率，同时自身通过一系列股权结构的设置保证了对于商业银行实际的最终控制权。但如果从更深层审视，股份制改革的深刻影响远不止于此。从 1998 年开始，不到 10 年的股份制改革实际上削弱了地方政府对于金融的影响力：不良资产的剥离切断了银行与国有企业畸形的依赖，股权架构影响之下的风控逻辑调整使得放贷决策变得更加审慎，专业化经营中成长起来的金融技术官僚提高了银行的经营决策质量，同时央行和商业银行在地方管理层级上的改革也让地方对于金融资源的配置难以置喙。中国金融体系逐渐成为中央政府的毛细血管。它能够畅通无阻地将中央的治理高保真地传达到地方，中央的金融政策才真正有精细化可言。

商业银行股份制改革表层是企业治理结构的改革，中层是经济治理逻辑的改革，深层是政治权力分配的改革，配合1994年财政领域的分税制改革，治理的职能经过一系列的央地博弈后，中央对金融工作的集中统一领导实质上得到了强化。

（二）工具、框架和传导：逐渐探幽的货币治理

一系列金融治理框架的改革为政府干预金融创造了良好的条件。在这一时期政府不再称自己对于金融市场的影响为"干预"，"宏观调控"成为更加普遍的表述方式。2008年国际金融危机出现之后，中国政府举世闻名的"4万亿"救市举措成为中国宏观调控的一次大手笔。中国充分展示了自身金融体制建设的成果，并且在应对危机中积累了宝贵的经验。党的十八大以后，中国面对之前阶段不同的社会经济发展特点，不断进行金融宏观调控改革。如今，中国已经形成了具有自身特色的货币管理机制。

第一是货币创造管理。所谓货币创造，就是向市场投放更多货币。在很长一段时间内，中国国内货币投放的重要途径是外汇占款，即出口企业拿着美元向央行兑换人民币，使得大量的人民币流向国内市场。随着国内市场的逐渐发展，

外汇占款的占比已经逐渐让位于国内信贷业务，央行通过对信贷的管控以及对表外业务的强监管逐渐强化对国内市场货币的总量控制。第二是中介目标管理。货币政策的最终目标需兼顾物价稳定、经济增长、就业、汇率、外汇、风险、经济结构、民生等多个方面。货币当局根据不同时期国内外经济金融形势的变化对目标权重做出相机调整。第三是工具管理。央行当前对于货币的治理不仅有对总量工具的管理，同时还有对以利率、汇率为代表的价格的治理，并且通过对总量和价格的要求来引导金融资源向不同的领域流动。第四是应急管理。央行形成了"规则决策"和"相机决策"两种不同的货币政策理念，前者讲求货币政策制定遵循事先确定的量化规则，后者讲求根据实时经济金融环境的变化做出及时决策。不同原则应对不同的金融情况，货币决策的时效性大大增强。

这些货币管理机制的形成不仅依靠逐渐成熟的货币金融理论，同时也来自政府应对国内外金融形势的经验积累。如今，政府的金融治理篮子有了更加丰富的金融工具，公开市场操作、各种类型的借贷便利、存款准备金率、再贷款再贴现和抵押补充贷款，等等。

工具的丰富也为金融治理体制的进一步完备做好了准备。1997年和2008年两次金融危机之后，宏观审慎政策理论重新进入了决策者视野。2009年我国开始研究强化宏观审慎管理的政策措施，2011年正式引入差别准备金动态调整机制，其核心依据在于适当的信贷增速取决于经济增长的合理需要及其自身的资本水平。2016年开始，中国人民银行将差别准备金动态调整机制升级为宏观审慎评估体系（MPA）。2017年，党的十九大报告提出要健全"货币政策和宏观审慎政策双支柱调控框架"，金融治理的"双支柱"形成了。

上述机制的逐渐完善实质上提升了政府进行金融干预时的决策质量。但政策不仅仅是决策，还包括传导和落地，在金融领域尤其如此。因此，关于货币政策传导就成了金融治理精细化的另一个重要方面。新型的货币管理机制取代的是原本高度集中的计划经济机制。央行原行长周小川认为，"在经济出了问题，特别是国际金融危机、新冠疫情这种危重情况出现后，我们发现确有一些留恋命令经济的思维或说法在抬头。但我想说的是，命令经济可能也不像它自己说的那么有效——有些命令经济思维认为是可以下命令要求做到的，但实际上层层分解到下面后，由于缺乏激励机制，行为常常扭曲变形，最后实际情况和想象中的也很不一样"[①]。在市场化的金融治理体系之下，金融政策的传导质量与金融市场的治

---

① 《多重约束下的货币政策传承机制》引言，中国金融出版社2019年版。

理情况密切相关。国内的货币政策一方面通过基准利率、存款准备金率进行调节,另一方面行政的引导力量同样在发挥着作用,为了实现重要的货币政策目标,中国的政策性银行等金融机构在落实国家金融政策方面仍然发挥着重要作用。

(三)踏入深水区:从需求侧走向供给侧

2015年中央财经领导小组第十一次会议上,习近平总书记首次提出供给侧结构性改革。2019年2月22日,习近平总书记在中央政治局第十三次集体学习上强调要深化对国际国内金融形势的认识,正确把握金融本质,深化金融供给侧结构性改革。此番将供给侧改革在金融领域的具体形式进行了明确。那么,什么叫结构性改革呢?政府对于金融的干预为什么要从供给侧入手呢?

供给侧改革和需求侧改革看上去是政府治理策略的不同,其实背后涉及了经济学两个核心重要的理论派系:古典主义和凯恩斯主义。古典经济学认为生产是社会经济的主要环节,提高要素配置效率和技术进步是提升总产出的必由之路,也构成了供给侧改革的理论基础。凯恩斯主义认为应当高度重视需求对经济的影响,由于市场的价格信号等总是存在迟滞,因此劳动力市场无法保持充分就业,实际产出总是低于潜在产出,需求就成了决定总产出的核心原因。

第八章 干预金融的精细化时代

我们当前所熟知的以财政政策和货币政策为代表的宏观调控，本质是在对需求侧进行调整。当市场出现需求不足时，政府会通过不同的政策工具对消费、投资、进出口、政府支出等领域进行调整，但是单纯的需求侧更多是对市场变化的应对，无论如何调控，经济结构和经济体制不会因为需求侧的变化而出现优化。如果要从长期的角度改善金融治理的质量，那么一定要从供给侧进行调整。对于中国而言，供给侧结构性改革本质上是提升金融基础设施的质量，包括货币供给体制、利率机制、市场融资模式，并通过这种改革实现经济结构的优化。

进入了供给侧结构性改革阶段，标志着政府在金融治理领域的角色发生了转变，从之前的被动应对逐渐转向了主动调整，但这也意味着政府对金融的治理已经开始向更难的问题出发了。这些问题有的是改革开放以来金融改革中没能够处理的问题；有的是与国有企业等其他改革板块相互关联的历史遗留，诸如利率市场双轨制、政府隐性担保等，还有的则是在改革发展过程中新出现的问题，例如资本汇率治理、金融开放等。在现代金融制度建设方面，我国虽然发展迅速，但是起步较晚，因此金融供给侧结构性改革将会是很长一段时间内中国金融改革的基调，也将是政府不断提升金融治理质量的长期举措。

二、历史困惑：开放还是不开放

（一）走到了哪里？金融开放的历程

从改革开放之初，一直存在要求金融开放的声音，但相比于其他各项改革，金融开放的步伐是比较缓慢的。这有客观原因，金融开放的前提是国内金融治理的基本逻辑已经理顺，而金融治理在治理顺序上本就是更加成熟和后置的环节。同时也有主观原因，不时出现的国际金融危机让政府对于金融开放始终怀有隐忧。

改革开放以来中国金融开放的进程可以从两个方面表现。一方面，新中国以独立主权国家的身份不断加入世界各类金融组织。新中国成立之后的很长时间内，冷战格局让社会主义国家几乎不可能进入欧美主导的国际金融体系。随着中苏关系的破裂以及1971年中国恢复联合国合法席位，中华人民共和国开启了逐步加入全球金融机构的步伐。1980年9月，国际货币基金组织将中华人民共和国列为单独选区，并增加一名中国执行董事，中国人民银行与国际货币基金组织就中央银行政策、外债管理以及国际收支统计等方面开展技术合作，引进和传播现代银行管理技术。此后，中国陆续加入了亚洲开发银行、国际清算银行、东南亚新澳中央银行等区域性金融组织，并不断强化与其他各国的金融往来，中国政府在组织上为金融开放做好了准备。

另一方面，更为实质性的开放其实来自金融业务的拓展。20世纪80年代以来，对外贸易的不断发展促使中国国际结算业务率先改革，与之相关的跨国信用卡、支票、外汇存款等业务逐步发展起来。海外业务的发展很快触及了汇率问题。起初，中国政府对于外汇有着严格的管控，一直采取统收统支的管理方法，出口所得的外汇一定要卖给国家；1985年，国家开始允许在一定条件下个人开立外汇账户，并逐渐允许个人和企业按照自己的需要进行外汇总额的调剂。外汇的价格形成机制同样十分重要。改革开放初期，中国政府的外汇价格主要是政府统一规定，很长时间存在人民币价值被高估的情况。1981年开始过短暂的双轨制改革，但是效果不好。1985年之后，中国政府恢复汇率双轨制，并且不断调低人民币汇率，使得其与当时国内实际的经济发展情况逐步协同，随后通过外汇结算体制的不断完善，银行间外汇交易市场建立起来，外汇的价格由货币的供给关系决定，实现了外汇价格的市场化转型。

金融开放的过程中有一个事项，就是账户开放。在国际金融中，为了更好地记录一个国家与其他国家的经济贸易关系，通行的方法是借助收支账户。收支账户中包括两个部分，一个部分是经常账户，记录了一个国家商品的出口和进口。

另一个部门是资本账户，记录的是一个国家资金的流入和流出。账户开放意味着国内和国际的商品、资金都可以按照市场规则进入或者离开一个国家，意味着这个国家成为国际经济金融市场的一个部分。1996年，中国开始推动人民币在经常项目之下可兑换，意味着进出口带来的人民币的流出或者流入政府将不再设定常规监管之外的限制。通俗地说，就是只要是合法的国际交易，出口换回的美元可以在央行换成人民币，为了进口国外产品产生的美元需求也可以通过用人民币购汇得以满足。

但是资本账户自由兑换却不是这样的。中央政府对于国际投资的资本，需要对其用途、金额、交易的流程等进行严格审核，来自境外的用于投资中国资产标的的外币不能够随心所欲地换成人民币进入中国金融市场，即使是来自境外的人民币账户，也不能自由地在国内从事金融投资活动。如今，虽然中国金融对外开放的道路已经走得很远了，但是资本账户至今依旧没有完全开放。

为什么资本账户迟迟不放开呢？

资本账户中的交易频率远远高于一般账户。一般账户的变动依托的是实际的国际商品贸易，现实的商品交割会与每一笔交易对应。但资本账户的变化则不然。大规模、高频度的资本账户变动会直接影响人民币的汇率波动幅度，在国内

第八章 干预金融的精细化时代

的金融体系未能保证健康稳定的前提之下,过早放开资本账户的确会增大系统性金融风险。中国对于资本账户开放的尝试一直没有停止。为了打通境内外资本市场投资的渠道,监管部门于2003年开启境外合格机构投资者(QFII)制度,并于2006年落地境内合格机构投资者(QDII)制度。人民币国际化也在这一阶段悄然开启。2003年底,人民银行开始为香港个人人民币业务提供清算安排,并于2004年推广到澳门。2005年7月,人民币汇率不再盯住单一美元,开始参考一篮子货币。2005年和2007年,首只熊猫债和点心债分别在内地和香港发行。2014—2017年,监管部门相继推出了"沪港通"、"深港通"和"债券通"(北向通)等渠道连接境内外资本市场。2016年10月1日,人民币正式加入特别提款权(SDR)货币篮子,成为受到国际组织认可的储备货币。中国金融开始融入世界金融市场。

然而,1998年亚洲金融危机和2008年肇始于美国的金融危机让中国政府对进一步资本账户开放变得更加审慎。2018年以来的中美贸易摩擦,以及2020年初以来新冠疫情带来的全球性金融市场波动客观上影响了中国金融进一步国际化的节奏。如今虽然中国已经是世界第二大经济体,并且在国际资本准入方面已经制定了很多开放政策,但是这些政策距离资本账户的完全开放还有一段距离。有学者认为受管制的资本账户影响了金融的市场化程度,但是也有观点认为过早地拓展市场化边疆会影响到金融发展的质量。截至2020年末,在华外资银行占我国银行业资产比重不足1.5%,而这一比例在2007年曾达到2.3%;证券、期货、保险机构资产占比也相当有限。截至2021年9月末,外资持有A股流通市值占比不足5%,在中国债券市场的持有量只有3.5%。上述比重低于多数发达经济体和部分新兴经济体的外资资产情况。

中央政府的审慎不仅是长期改革积累下来的宝贵经验,同时在更本质上看也是因为国际金融和货币金融治理的相关理论还有待论证,相关实践成果还有待检验。金融开放的边疆同样也是金融安全的边疆,中国政府在金融发展的过程中还在深切地呼唤更多的有识之士,让金融开放的脚步更加从容和安全。

(二)身边的挫折:日本、泰国

对于世界上大部分实现金融开放的国家而言,其开放的进程都伴随着令人难忘的教训。金融开放本身就是受政府直接决策的政策安排,所以不合时宜的金融开放带来的后果最终都会让政府难辞其咎。金融开放涵盖的范围很宽,内容也很繁杂,但是资本账户自由兑换是金融开放中最为重要也是最容易诱发问题的领域。

第八章 干预金融的精细化时代

19世纪80年代,日本经济快速增长,与美国形成了高额的贸易顺差,迫于美国的压力,日本逐渐同意提高日元汇率,并开始扩大金融开放的步伐。特别是1984年4月废除远期外汇交易的实际需求原则,两个月后进一步废除外汇兑换日元的限制,这意味着日本实现了资本项目的自由兑换。在此之前,日本金融市场的主要利率由政府进行调控。此次改革后,外汇汇率放开开始影响国内利率体系。在当时的日本,政府通过邮政储蓄和养老保险公积金的资金向政策性金融机构或实施公共事业项目的机构提供贷款,资金成本较低,民营机构为了参与竞争,高息揽储并投入高风险行业以及房地产等行业,资本泡沫开始逐渐形成。90年代,日本为了控制经济过热开始采用收缩的货币政策,而此时美国出现了"黑色星期一",股票低迷的情绪影响到了日本,加之资本账户开放之后美国金融家通过股指期货与日本金融业对赌指数涨跌,美国投行利用股指期货的差额交易很有可能极大概率是日经平均指数急剧下降和日本股市暴跌的导火索。日本经济遭受致命打击,大量金融机构破产,以商业银行为主体的日本机构受到重创,中小企业资金断血,民营机构长期未能恢复活力。

1997年亚洲四小龙之一的泰国同样经历了大家熟悉不过的触目惊心的挫折。泰国在20世纪90年代已经实现了资本账户的自由兑换,并且形成了与美元之间的固定汇率。但是固定汇率的维持是需要一定条件的,泰国政府必须始终保证有足够的工具调整泰铢和美元的供需,这就需要泰国政府持有足够的美元,当泰铢价格下跌时,能够有足够的美元回购泰铢抬升价格,保持固定汇率。当国际游资瞄准泰铢时,海量泰铢被抛入市场,在外汇储备不足的情况下,泰铢面临着巨大的贬值压力,并且在耗尽了所有的外汇储备后,不得不宣布泰铢贬值。国家货币币值的迅速贬值严重撼动了国内金融体系的稳定,引发了泰国以及周边国家的经济动荡。

耐人寻味的是,在重大的金融危机悄然降临之时,两国的经济都在经历高速增长,政府都积极有为、锐意改革,国内金融治理都空前开放。开放是金融治理中非常笼统的表述,想要把金融开放做好,不仅考验的是开放政策本身的质量和推行的节奏,也考验着经济体本身的金融基础设施架构,是一件非常需要精雕细琢的工作。

(三)主动走出去:人民币国际化

埃塞俄比亚是非洲东部的一个国家。虽然在撒哈拉沙漠以南的非洲大陆,埃塞俄比亚的社会经济水平要高于平均值,但依然是欠发达国家。在埃塞俄比亚的机场,超市商品标价是美元,同时超市收银台结算时给出的汇率远远低于官方牌价。即便如此,还是有大量的游客聚集在商店和超市,着急

第八章 干预金融的精细化时代

想要将自己手中的埃塞俄比亚货币消费出去。这是因为一旦飞机离开了埃塞俄比亚,手中的货币在其他国家不仅不能使用,而且外国银行也不愿意将埃塞俄比亚货币兑换成本国货币,手中的里尔就会成为废纸,因此一定要在离开埃塞俄比亚之前将这些货币花出去,即便要受到商店低汇率的盘剥。这种情况的出现,就是货币国际化水平不足的体现。

衡量一个国家经济金融实力的重要指标有很多,一个国家货币的国际化程度就是其中之一。货币的国际化本质上是其他国家愿意接受一个国家信用的意愿,是对一个国家综合国力的评估。因此,人民币国际化看上去是一个主动的货币政策,在大多数情况下是一个被动的货币结果:经济体发达繁荣,货币的辐射能力就自然会不断提升。

随着中国综合国力的不断提升,人民币的国际影响力也不断提升。人民币国际化也便成了顺水推舟的事。自2001年中国加入WTO以来,已经成为全球最重要的贸易大国之一,国际社会对人民币的需求推动了人民币国际化进程。2008年,全球主要金融大国受金融危机的影响,货币信用发生了波动,客观上也推动了人民币的国际化进程。危机期间,美国金融市场脆弱,世界对美元信心动摇,欧洲主权债务危机使得欧元大幅震荡,日本经济的长期疲软也影响了日元的表现。人民币在这一时期受到了广泛欢迎,先后有韩国、欧央行、英国、瑞士等国家和地区与中国进行货币互换，人民币也于2015年加入了特别提款权。如今，人民币已经成为具有强大区域影响力的主权货币，也是名副其实的重要国际货币之一了。

虽然货币的国际化是市场选择的结果，但是政府治理也可以影响国际化进程和质量的。人民币国际化的道路有一些重要的事件节点，一是与部分国家在双边贸易中使用人民币结算；二是开始进行双边的人民币交换；三是在部分国家设立人民币清算银行，用于进行跨境人民币交易的清算；四是部分国家开始将人民币作为外汇储备的一部分；五是双边本币直接挂牌交易；六是这种模式从周边区域向全球蔓延。

与其临渊羡鱼，不如退而结网。要想让人民币真的成为国际认可的强势货币，发展好中国国内的社会经济、完善好国内的金融制度建设是先决条件。人民币国际化一方面需要政府小心翼翼进行引导和规范，另一方面其主流趋势也绝非政府可以引领和主导。2023年，随着美国和西欧银行危机发酵，加之美国货币政策的振荡，越来越多的国家开始重新思考双边货币结算的可行性，多个国家与中国签署本币与人民币结算协议，人民币国际化进程加速。人民币国际化是政府对金融干预的前沿边界，而人民币国际化之路能够走多远，就远远超出人民币国际化本身了。

三、金融监管的实质

（一）金融监管框架的建立

金融业务和金融监管是一对田径运动员，永远在互相追赶。金融活动的复杂性随着社会经济的发展而不断提升，当出现了金融问题，金融监管便会抓紧出手。长期与金融活动的切磋让金融监管也变得更加敏锐和前瞻，但是大部分时候，金融监管依然是事后监管。一个完善的金融监管框架，对于明确监管职责、提升监管效率就显得尤为重要了。

金融监管的框架是一个政府对金融治理的直接抓手，其中不仅反映了一个国家基本的金融结构，也体现了政府进行金融治理和金融干预的基本思路。中国建立现代化金融监管体系应当追溯到民国时期的"四行二局一库"，即中央银行、中国银行、交通银行、中国农民银行、邮政储蓄汇业局、中央信托局以及中央合作金库，这不仅构成了国民政府金融体系的框架，本身也是政府金融监管的核心机构。新中国成立之后，中国迅速建立了中央银行监管制度，并在此基础上不断调整和改革，大体经历了四个阶段。

第一阶段是新中国成立到改革开放之前。这一阶段承担主要监管职责的中国人民银行集中力量对外资银行、官僚资本银行进行整顿，并配合三大改造对民营金融机构进行调整，同时配合中央的统一部署与金融犯罪进行斗争。第二阶段是改革开放至 20 世纪 80 年代中叶。这一阶段国内先后成立了"工农中建"四大专业银行,将商业银行的职能从人民银行剥离,人民银行成为专门的金融监督管理机构。第三阶段是 80 年代中后期到 1992 年,这一阶段,人民银行逐渐承担金融宏观调控的职责,将其直接的监督检查职责开始进一步剥离。第四阶段是 1992 年至今,我国金融监管的分业管理体系逐渐确立。1992 年,国务院决定人民银行不再对证券行业进行监督管理,相应职责由中国证券监督管理委员会承担。1998 年,保险监督管理委员会成立;2003 年,银行监督管理委员会正式成立。2017 年,国务院金融稳定发展委员会宣布成立;2018 年,银监会和保监会合并,形成"一行两会"的基本监管格局。

2023 年 3 月 7 日,十四届全国人大一次会议召开。本次金融监管机构改革是 2017 年成立"金稳委"、2018 年合并银保监会以来幅度最大的金融监管机构调整,将"一行两会"调整为"一行一局一会"的新格局。

一是组建国家金融监督管理总局。新部门在原银保监会基础上组建,划入央行对金控公司的监管和消费者保护职责,以及证监会的投资者保护职责。金融监管总局的设立对于统筹除证券业之外的金融业监管,强化机构监管、行为监管、

第八章　干预金融的精细化时代

功能监管、穿透式监管，加强金融消费者权益保护有着重要意义。二是央行分支机构改革。撤销原9家大区分行、25家省会中心支行、2家营业管理部，设立31个省级分行和5家计划单列市分行；不再保留县级支行，相关权限上收到地市级中心支行，很大程度上有利于管理效率的提升。三是企业债发行审核划入证监会。证监会划入发改委的企业债发行审核职责，由证监会统一负责公司债、企业债发行审核工作。之前的企业类债券发行审批由三部门分别负责，银行间交易商协会负责监管短融、中票等，证监会负责公司债，发改委负责企业债，此次调整迈出了债券发行监管统一的重要一步。四是金融监管部门下属机构改革。剥离中央金融管理部门管理的市场经营类机构，相关国有金融资产划入国有金融资本受托管理机构（例如中央汇金等），该举措有利于财政部进一步履行出资人义务，提高相关国有金融机构经营效益。五是地方金融监管机构改革。建立以中央金融管理部门地方派出机构为主的地方金融监管体制。地方政府设立的金融监管机构专司监管职责，不再加挂金融工作局、金融办公室等牌子。2018年以来地方金融办公室、金融工作局陆续升级为地方金融监管局，整合地方金融监管职责，负责对小贷公司、融资担保、区域股权市场、典当行、融资租赁、商业保理、地方AMC实施监管，强化对辖区内投资公司、开展信用互助的农民专业合作社、社会众筹机构、地方各类交易场所等的监管。

总体而言，2023年的金融机构调整变化延续了从2017年以来从"分业监管"向"综合监管"的发展趋势，有利于提高管理效率、减少监管套利、降低金融风险、保护金融消费者和投资者权益。同时，国家金融监督管理总局和证监会由此前国务院直属事业单位改为国务院直属机构，金融板块在政府治理框架中的客观地位不断提升，随着金融市场的发展和金融活动的拓维，以金融监管为重要内容的金融治理将会给政府带来更多的机遇和挑战。

（二）金融人全都知道的城市

金融中心一定是全球最喧闹的城市，一个金融从业者提到伦敦、纽约、东京、上海、香港，他一定会侃侃而谈自己在这些城市做了什么样的业务，有过什么样的故事。但是有这样一个城市，当你在金融从业者面前提及它时，几乎无人不知，却也鲜有人至。

这个城市，就是巴塞尔。

巴塞尔是瑞士西北角历史悠久的小城，西北邻法国阿尔萨斯，东北与德国黑森林山脉接壤，莱茵河在此东北穿城而去，将巴塞尔一分为二。就是这座16万人口、23.91平方公里的小城市，却对全球商业银行有着深刻的影响。

第八章 干预金融的精细化时代

1974年,联邦德国Herstatt银行和美国富兰克林国民银行破产。两家全球著名的国际性银行的惨痛结局使监管机构在惊愕之余开始全面审视拥有广泛国际业务的银行监管问题。同年,比利时、德国、加拿大、日本、法国、意大利、卢森堡、荷兰、瑞典、瑞士、英国和美国的创始国集团中央银行行长倡议,在国际清算银行体系内建立一个改善全世界银行业监管工作、与世界各监管机构交换信息和意见的委员会,巴塞尔小城作为国际清算银行的秘书处所在地,成为这个委员会召开会议和日常办公的地点,"巴塞尔委员会"由此成立。

自成立以来,巴塞尔委员会制定了一系列重要的银行监管规定。1983年颁布了银行国外机构的监管原则,又称巴塞尔协定。1988年颁布巴塞尔资本协议。这些规定不具法律约束力,但创始国集团监管部门一致同意在规定时间内在创始国集团实施。经过一段时间的检验,鉴于其合理性、科学性和可操作性,许多非创始国集团监管部门也自愿遵守巴塞尔协定和资本协议,特别是那些国际金融参与度高的国家。1997年,有效银行监管核心原则的问世是巴塞尔委员会历史上又一项重大事件。核心原则是由巴塞尔委员会与一些非创始国集团国家联合起草,得到世界各国监管机构普遍赞同,并已构成国际社会普遍认可的银行监管国际标准。2002年10月1日,巴塞尔委员会发布了修改资本协议建议的最新版。

2010年9月12日，巴塞尔银行监管委员会宣布，各方代表就《巴塞尔协议Ⅲ》的内容达成一致。这项协议充分吸取了2008年国际金融危机中商业银行治理时出现的漏洞和隐患，对部分重要的金融指标提出了更加精确和严格的要求，以求降低银行系统的流动性风险，增强抵御金融风险的能力。如今，《巴塞尔协议Ⅲ》的相关要求正在全球范围内的商业银行中逐步推广，参与国都为了实现协议中核心指标的要求积极优化本国的金融治理架构。

一直以来，中国都是积极践行巴塞尔协议的重要国家。中国官方已于2010年要求中国大型商业银行在资本金、拨备、流动性管理等方面实施更严格的《巴塞尔协议Ⅲ》要求，参与践行巴塞尔协议的落实不仅可以通过向国际标准靠近而实现治理思路的国际化，客观上看，诸多发达国家在漫长历史时期的金融实践经验客观上的确有助于政府不断提升金融治理和防范化解重大金融风险的能力。当前，中国的大型商业银行在诸多指标上已经达到了巴塞尔协议的要求，其他尚未实现的指标要求也将在未来的调整和过渡中不断实现。

回头看来，从始至终巴塞尔委员会都不是严格意义上的银行监管国际组织，但事实上已成为银行监管国际标准的制定者。真的很难想象，这一系列让全球金融家摘下礼帽、奉为圭臬的金科玉律，都出自这样一个山清水秀、波澜不惊的小城。

第八章 干预金融的精细化时代

金融家们可真是会挑地方。

(三) 抑制还是自由?

政府在进行社会治理的过程中总会面临"一管就死,一松就乱"的两难局面,金融治理同样存在这样的问题。金融管制究竟是好是坏?这个问题在理论上也引起了重要的讨论。

对于金融管制的影响,学术界主要有两大流派,"麦金农效应"认为发展中国家政府普遍实行的金融管制政策实际上会降低金融市场在配置资源过程中的效率,使得利率难以反映市场的金融供需,最终扭曲资本配置、削弱储蓄激励,导致银行和货币体系收缩。这一学派认为要不断通过金融自由实现金融的深化,充分发挥金融在资源配置中的作用。"斯蒂格利茨效应"则认为,简单地通过金融自由推动金融深化存在一个严重的问题,即没有考虑到经济体自身的客观情况,忽视了造成一个国家金融抑制的政治和经济根源。这一派观点认为,在金融体系较为落后的阶段,政府应当通过控制存贷款利率、强化市场准入限制等手段,缓解金融市场因为信息不对称带来的低效和风险,而随着金融体系的不断完善,可以逐渐放开金融管制的口径。

两派观点对世界各国尤其是面临金融改革的国家产生了重要影响,部分国家在"麦金农学派"的指导下推行了金融

"休克"疗法，或者迅速开展了金融自由化，结果造成了严重的金融危机和经济倒退，诸如20世纪70年代的阿根廷、智利等国。而以中国为代表的部分国家，则坚持在金融管控的基础上逐步推进渐进式改革。

毫无疑问，中国当前是典型的金融抑制政策，政府仍然干预信贷的利率、投向和规模，大型国有银行而非金融市场依然是当前中国金融机构的主角，民营和外资的金融机构在诸多金融领域的准入要求上面临着有形和无形的限制，资本项目自由兑换始终没有大规模放开，外汇市场和跨境资本流动依旧是政府重点关注的对象，等等。客观上说，金融抑制政策的确帮助中国规避了诸多的金融风险，同时金融抑制政策与同期的中国产业政策和国家经济规划结合，将大量的金融资源有计划地注入到重点战略领域。在加入WTO之后，中国的国内金融机构并没有因为金融开放而面临挑战，相反在21世纪的第一个10土年中，中国金融市场出现了长足的发展。

那么，金融抑制就一直有效吗？其实只要有政府干预，就一定会存在资源配置的扭曲。长期的金融管制导致的金融资源配置扭曲让中国积累了不少金融风险。2010年之后，中国政府也逐渐注意到这个问题，一方面开始主动推进供给侧结构性改革，降低杠杆率，提升金融资源的配置效率；另一方面也尝试将市场调节引入更多金融领域。随后影子银行、P2P

暴雷、地方债务违约等金融风险也开始显现。2021年开始，中国部分地区和企业出现的房地产违约从某种程度上也是前期金融资源配置失衡的具体表现。在中国社会经济发展进入新的区间后，强力金融抑制带来的负面影响逐渐会取代其正面作用，掣肘金融进一步发展。

环顾当前全球最发达的经济体，大部分政府采取的金融抑制水平要低于中国，在可以预见的未来，金融抑制一定是中国政府进行金融干预的基本模式，其背景和缘由早已经超过了历史传承的治理传统，更多的是对中国特殊国情的审视思考，以及对自身金融后发国家的客观体认和评估。

前途是光明的，道路是曲折的，从金融抑制到金融深化，中国政府的方向明确、步履坚定，但同时胆大心细，谨小慎微。用"心有猛虎，细嗅蔷薇"来形容，也许有一种别样的贴切。

第九章　敢问路在何方

《吕氏春秋·察今》有言，"释先王之成法，而法其所以为法"。逐渐摸索政府金融干预的边界绝非易事，"成法"难以突破，"所以为法"不易坚守。所幸历史已经把答案封存进了每一个故事，留给这个时代的思考者去挖掘和探索。

历朝历代当中央政府想要伸出"有形之手"对社会经济进行干预时，难免会考虑两件事：能不能管得住？到底该管多少？在稳定和发展成为重要政策归根时，对社会经济治理细节的完全掌握是政府保证决策质量和长治久安的必然要求。这种内生的要求也默默地塑造了政府的治理风格，而政府对金融的干预，恰恰是这种治理风格的体现。

过去的400年中，中国政府在金融干预领域开辟了宽广的上下边界：曾经在漫长的时间段内完全没有进行货币治理和管控，也曾经对大部分商品的供求和价格进行彻底的管理。这期间中国既经历过世界第一流经济体才能体验的社会经济的繁荣发展，也罹受过不输于世界任何一个国家的重大金融

第九章 敢问路在何方

灾难。因此如果说要借鉴历史经验，中国政府的金融治理历史提供了足够丰富的素材。

当然，大部分时间段中国政府的金融治理是处于上下边界之内的。在不同时期，应对不同的国际国内形势，中国政府对金融的干预力度和方式也在不断变化，拘泥于短期的政策性调整让我们很难得出普适的经验和信条，但是如果从中国政府进行社会治理的根本逻辑出发，我们可以对未来中国政府的金融干预趋势进行前瞻性的预测。

那么这个趋势是什么呢？

宏伟的趋势虽然永远正确，但是却因为过于空疏而失去了对现实的指导意义，而过于具体的趋势往往会由于缺乏证据而显得自以为是。但从本书无数的故事中，我们能够比较有把握地提出，有一个趋势是肯定不变的，即政府对金融治理力度会更强，层次会更深。

增强治理的力度和深度并不意味着金融干预更加严格。当精细度不够时，严苛的金融干预必然会在执行层面导致一刀切。为了保证高质量的干预，必然要求政府更加精细地划定干预的方式和范围。只要政府对于金融的干预要求不放松，那么就一定会通过各种方式提升金融干预的精细化程度。从这个角度出发，我们抛开细节不论，未来的治理一定会形成这样的局面：政府采取更加全面和深入干预的同时，金融主体和金融活动却越来越感觉自由。因为高质量的政府干预而带来金融自由，金融自由而推动政府干预的高质量发展。

今天，中国政府已经在金融干预的道路上积累了丰富的经验，带领着全球第二大经济体应对各种各样的金融风险，更加熟练地掌握了金融治理的相关理论。然而，政治模式远没有金融理论的普适性强，世界上从来没有这样一个政治体制下的大国走到过中国所处的远方，未来道路上的选择，将越来越考验"有形之手"的智慧和力量，中国政府既需要更加深入了解其他国家政府进行金融治理的框架和特点，借鉴他山之石给自己的工作提供启发，也需要更加冷静地审视自己的特点和处境，在每一次重大的选择面前保持稳如磐石的定力。

鲁迅曾经说过，这世上本没有路，走的人多了，也就成了路。作为后发者，我们自然能够踩着前人的步伐，在每个岔路口做好精准的选择。但是，当我们逐渐成为别人口中的前人，前面的每一条岔路似乎都荒无人烟，也似乎都锣鼓喧嚣；每一个选择都有人交口称赞，也都有人悔恨不已。在热闹非凡的世界中，行路人的孤独和坚韧被无限拉长。

第九章　敢问路在何方

一、别人的"有形之手"

（一）德国政府的金融治理

在西方世界，德国是经常被中国当作学习对象的国家，晚清时期中国就已经有一大批心系图强的人士呼吁积极学习德国的治理制度。重臣李鸿章曾经在柏林与当时的铁血宰相俾斯麦深入交谈，在他的北洋水师尚未全军覆没之时，他也曾自豪地自称为"东方俾斯麦"。普鲁士帝国之后，德国的中央集权传统让其配套的社会经济治理制度与中国有更多的共同点，即便时过境迁，当下德国政府在进行金融治理时，一些特征也更容易让东方的决策者产生共鸣。从政府金融治理的层面，当前的德国有几个重要的特征。

首先是金融政策的相对独立性。德国中央银行即德意志联邦银行，联邦银行为中央政府持有，但是联邦银行高度独立，在具体政策执行上没有义务听从中央政府的要求。在行使《联邦银行法》所赋予的权力时无须服从中央政府的指示。联邦银行的领导机构包括中央银行理事会、执行理事会和州中央银行管理委员会。中央银行理事会和执行理事会是最高行政机构，通常每两周举行一次会议。根据《联邦银行法》规定，联邦银行"在行使法律赋予的职权时不受联邦政府指令的影响"。在具体的工作中，联邦银行具有以下四个基本职能：发行本国货币、依靠货币政策手段决定货币政策方向、为国家提供账户服务、管理德国货币储备。在经历了30年代的超级通胀之后，德国央行无比重视通货的总量管控，这往往与政府部门的开支要求不尽相同，但是《联邦银行法》规定，联邦银行支持政府总的经济政策的基本义务必须符合这样一条基本原则：对政府经济政策的支持不应与其货币政策的首要任务发生不可调和的冲突。除了相对于政府的独立性之外，对于金融市场的管理也同样具有独立性，在市场因素的相互作用下和经济活动中，德国的货币政策工具得以保证金融部门的竞争不受干扰。如联邦银行既不直接限制非银行部门的借款，也不以行政手段来确定借贷市场和证券市场的利率。联邦银行的金融干预政策总是通过其他中介目标间接干预金融主体和金融活动。

其次是全能银行的治理模式。全能银行顾名思义，就是能够从事多种金融活动的商业银行，是混业银行的表现形式之一。与美国的分业混业交替出现不同，德国从第二次世界大战以来就一直在不断完善混业经营的治理框架。当前德国金融机构的混业制度是以全能银行对社会大众提供金融服务，又通过一系列的专业性银行和特殊信贷机构对部分金融领域的业务进行补充。虽然德国各类商业银行的业务领域各有侧重，但德国法律对它们从事何种业务却限制很少，它们可以随时开拓新的业务领域。因此，商业银行作为混业经营的全能银行，能够从事吸收存款，发放短期、中期和长期贷款，托收承付，买卖证券，信托投资，财产代管，投资咨询，外汇交易，国内外汇兑等业务。在中国，监管机构通过牌照发放让不同的金融机构只能局限于部分金融活动，例如中国的商业银行不能直接参与二级市场的投资和交易，而这些限制对于德国的全能银行要小很多。

最后是独特的监管框架。德国对于金融机构的监管由国家机关和私人机构共同承担，金融监管部门包括德国的金融监管机构主要有联邦银行、银行业监管局、有价证券交易监管局和保险监管局，私人机构则包括外部审计师和私人银行协会等，在德国的金融监管体制中，外部审计师担当着辅助但却是非常重要的角色，经济审计师协会作为监管机构的依托，现场的监管大多数由它承担，是银行检查的主要执行人。公私两者共同承担监管职责。德国金融监管的另一特点是集团综合监督，具体表现为对金融机构及其分支机构和子公司实行"并账管理"。德国中央银行和联邦金融监管局在对大银行的监管中，除要求各大银行必须建立内部自我约束机制和内部监控体系以防范风险外，还要求各大银行将国内外各分支机构及银行集团的资本、资产及负债并表，对其核心指标进行统一考评。这种集团层面的监管与中国 2018 年资管新规出台之后对集团风险的管控有诸多类似之处，强制性的表外资产负债回表也让中国的监管部门提前发现了诸多重大的风险隐患。

（二）日本政府的金融治理

在历史上，日本政府的治理模式与中原王朝有很多相似之处。近代以来，日本率先进行的政治经济改革成果斐然，从明治维新一直到改革开放，两国恩怨交织，而一衣带水的地理格局让两国不得不互相注目。如今日本政府的金融治理框架是传统治理模式和"二战"之后重大改革相互融合的结果，其发展有着自己独特的历程和鲜明的特点。

如果用一个词来形容日本金融治理的代表，那一定是主银行制度。什么叫作主银行制度呢？日本的法律上没有明文规定主银行制度，这是日本金融界和企业界的惯例。一般认为主银行有以下特征：主银行是客户企业的大股东，一般不持有与自己没有业务或交易关系的企业的股份；向客户企业提供系列贷款；向客户企业派遣董事或经理；管理客户企业的结算账户。可以看出，与主要欧美国家银行制度不同，日本的主银行制度是允许商业银行持有企业股票的，金融机构与非金融机构有着更加错综复杂的关系。在日本经济高速增长时期，主银行为企业发展提供了充足的资金，企业的扩张也使主银行获得了丰厚的回报。在主银行与企业相互促进共同发展的过程中，主银行制度通过银行与企业建立双向互惠交易关系得到强化。然而，日本主银行作为大股东和主要债权人与企业保持距离是有条件的，那就是企业要保持良好的经营状况，否则，主银行介入企业管理不仅被认为是正当的，而且是一种责任，这种治理方式被称为"相机治理"。在企业经营处于良好的状态下，主银行通常并不干预企业的内部管理事务。在企业经营恶化的情况下，主银行根据情况干预企业内部事务，包括债务展期、减免利息、注入资金等金融援助措施；在更为严重的情况下，主银行会通过派遣管理人员接管企业。

银行与实体经济的高度绑定是双刃剑。在经济形势良好时期，主银行能够获得持股企业的股票溢价收益和贷款利息，企业与银行处于良性互动状态。主银行支持企业投资，企业发展为银行带来丰厚收益，两者相互促进，共同发展。但在经济萧条时期，经济不景气将使大量企业陷入困境，客观上也削弱了主银行对单一企业的救助能力。更为重要的是，企业危机可以直接转化为银行危机，对金融系统的安全构成威胁，结果导致企业与银行的双向恶性循环，使经济难以摆脱长期萧条的困境。

与主银行制度相伴而行的是日本的金融监管制度。"二战"结束之初，日本的金融监管工作由大藏省进行高度集中管理。大藏省是日本最高金融当局，它不但主管金融行政事务，而且掌握金融监管检查事务。在日本的权力结构中，大藏省的权限占压倒优势，居于日本政治权力中枢。正因为这种权力十分稳固，才使得大藏省能够依靠行政裁决的方式一次次克服金融危机。但是 20 世纪 70 年代之后，随着日本社会经济发展和金融国际化程度逐渐提高，大藏省作为金融监管部门面临很多问题，主要表现在处理金融事件思路陈旧，透明度低，对新型金融形态了解不足，专业能力较差，官僚主义作风浓厚，严重影响了其履行金融监管的职能。1996 年，日本在广场协议之后经历社会经济衰退，桥本政府开始下决心对金融进行大刀阔斧改革。1998 年 8 月 2 日，日本金融监督厅正式成立，至此，日本有了摆脱大藏省行政干预和影响、真正独立行使金融监管权力的监管机构。金融监督厅的设立，是日本金融监管由过去政府主导下的"事前指导"向重视市场"事后监管"的一个重要转变。2000 年 7 月，在金融监督厅的基础上正式成立金融厅，并将金融厅升格为内阁府的外设局，独立而全面地负责金融监管业务，一个以金融厅为核心的独立中央银行和存款保险机构共同参与的新型金融监管体制已经形成。如此一来，金融监管主体的独立性增强，监管重点也从事前监管变为事前事后的综合监管；金融监管的手段也更加市场化,形成了以职能监管为核心的细致分工。

主银行制度和独立的金融监管制度是当前日本政府进行金融治理的重要特征模式,其形成和发展有着特殊的历史机遇。进入21世纪以来,虽然经历了几次重大的金融危机,但是其基本的框架治理逻辑没有发生重大变化,在各种经验和教训中不断完善着金融治理的日本特色故事。

(三)美国政府的金融治理

与德国和日本政府的金融治理不同,美国以金融市场为主而非以银行体系为主的金融架构使得其有着鲜明的金融治理特征。美国金融制度是世界上公认的比较完善、规范和有效的金融制度,其金融监管制度的变迁和演进是世界金融业发展的缩影。

提到美国的金融制度,最具特色的是分业经营与混业经营的交替演进。20世纪以来,新兴的金融机构如储蓄与贷款协会、投资银行、信用合作社、金融公司等迅速发展,但商业银行在金融体系中仍然处于主导地位。1913年,联邦储备体系建立,美国现代金融制度开始确立。这一阶段的美国金融实际上是混业经营状态,直到20世纪30年代,大萧条让诸多金融危机暴露出来,为了保障未来金融机构稳健经营,美国政府开始推行分业经营,商业银行和投资银行的业务要进行分割。1933年6月16日通过的《格拉斯—斯蒂格尔法案》第16、20、21、32条款规定，商业银行不能进行企业股票、债券等的承销、承购业务，除了购买政府债券以外，也不能经营证券投资等长期性投资业务。投资银行也不能经营吸收存款等商业银行的业务，这标志着美国分业经济制度的正式确立。到了20世纪80年代，随着金融业务的不断发展，分业经营严重限制了美国金融创新，政府也逐渐放开了分业经营的要求，在实际操作中逐渐许可混业经营。一抓就死，一放就乱，这句话形容这一时期美国金融治理再贴切不过了。逐渐放松的金融监管让美国金融业经历繁荣的同时，也为2008年的次贷危机埋下了伏笔。金融危机之后，奥巴马政府一方面对主要金融机构进行援救，另一方面也加大了对金融活动的监管力度，美国金融治理再次进入了紧张期。2016年，特朗普上台之后，共和党对监管法规和金融监管机构职能进行调整，再次放松了金融管制。2020年，疫情带来的金融市场波动又让美国进入了金融放水进程，并为后来的通货膨胀和加息埋下了伏笔。

美国金融市场的高效不仅仅是因为其庞大的金融体量，与时俱进的金融监管制度对其金融市场的发展同样发挥了重要的作用。21世纪以来，在混业经营的整体趋势之下，金融监管体系将银行、证券、保险统为一体，克服了旧监管体系个别立法个别监管在新经济形势下的不适应性，顺应了金融服务产业融合经营的发展要求。美国的金融监管体系层次丰富，既包括基于联邦法设立的监管机构，也包括基于州法设立的州政府监管机构。在联邦一级的金融监管机构主要有联邦储备体系、货币监理署、联邦存款保险公司、证券交易委员会、联邦住房放款银行委员会、联邦储备贷款保险公司、全国保险监管者协会、联邦储备监督署和国民信贷联合会等，分别对各类金融机构实施专业的交叉监管，其中对银行业的监管由前三大联邦机构和州政府管理机构组成。2008年金融危机之后，政府对于混业经营的具体操作法规进行不断修订，入主白宫的不同党派代表也在根据实际情况调整和丰富监管职责。

2016年特朗普政府执政以来所实施的一系列金融监管改革方案在很大程度上推翻了奥巴马政府在2008年金融危机后针对危机所暴露的银行业问题与缺陷所实施的一系列严格金融监管改革措施，重构美国金融监管框架，使得美国的金融监管从严格、审慎的管控转向传统的、相对宽松的"放任监管"，从而搭建起特朗普政府场景下的"新"金融监管模式。随后上台的拜登政府也根据疫情之后美国面临的金融治理实际情况不断调整金融监管的规则，但是其基本的监管框架没有进行重大变革，混业经营的基本思路也一直保持到了今天。

二、"拿手"与"烫手"：中国政府金融干预的重点难点

（一）路径依赖：传统金融治理

中国金融改革与改革开放同时开始，已经取得了重要成就。但是相比于发达国家，我们不得不承认，无论是在金融治理体系还是金融治理方式上，我们还有很多的工作要做，还有很长的路要走。从计划经济一路走来，中国金融改革的市场化因素不断增多，但是由于金融体系改革内容更加综合，且涉及中央机关、地方政府、国有企业等多个主体，其改革进度与其他领域的改革速度要密切配套，在进入改革深水区之后，许多隐藏在传统金融业务领域的问题开始逐渐暴露出来。

首先，对不同属性企业的态度依旧不同，虽然国家一直在推进生产要素的市场化改革，但是一直以来，国有企业和民营企业面对的资本要素仍然有着不同的成本，国有改革效率低下的情况没有完全改善，政府的隐性担保依然存在，信贷资源投放的"双轨制"依旧没有得到彻底解决，庞大的金融没有转化为巨大的资源效能。其次，地方隐性政府债务绑架金融机构，政府隐形担保让风险定价失灵，债券市场缺乏良好的价格信号，无法实现对金融资源的有效指引。近年来，

第九章 敢问路在何方

随着土地财政的增长模式红利将尽,局部地方债务风险已经开始暴露,商业银行手中持有大量流动性较差的地方政府债,严重影响了商业银行大类资产配置的灵活性,变相造成了资金配置的扭曲和低效。再次,房地产对金融资源的侵占。通常情况下,房地产投资不应超过 GDP 的 1/6,但是在很长的时间段内,国内房地产投资连续多年超过 GDP 的 50%,全国贷款增量的 40% 以上来自房地产,而房地产在 GDP 中的贡献却始终低于 10%。房地产占据了大量的金融资源,使得政府在调控金融政策时不得不迁就房地产市场的预期,房地产风险不断积累。最后,指令性和计划性体制依旧对金融市场产生影响。部分中央政府的正确金融决策在地方政府的执行层面逐渐走样,形成了对生产效率的损害。

虽然中国金融治理的市场化程度已经在不断提升,但是我们能够看到政府直接干预的身影。在当前的社会经济环境之下,政府对部分金融领域进行直接的干预无可非议,但是一些传统领域暴露出来的问题的确反映出政府在进行金融干预时仍然存在一定的路径依赖。随着金融治理的经验不断丰富、金融监管水平的不断提高,国有企业、地方财政、社会经济重点领域的改革不断深入,摆脱原有金融治理路径依赖、利用市场化工具提升金融资源配置水平将会越来越成为中国政府在传统领域进行金融干预的主要方式。

（二）建章立制：新兴金融领域

金融监管与金融创新永远是一对欢喜冤家。虽然中国金融基础设施建设依然存在诸多需要完善之处，但是中国政府一直鼓励金融领域创新。21世纪以来，依托中国广大的市场和先进的民用互联网技术，越来越多的金融产品和服务被创造出来，诸多在其他国家无法落地和持续的金融模式在中国取得了成功，爆炸式的规模也让金融监管机构时刻紧绷着弦，中国政府一直坚持着金融市场化的进程，同时也一直紧盯着规模迅速拓展的新型金融模式。

这么紧张是有道理的，金融创新的确推动了中国金融市场的高质量发展，但是也的确带来了不少的问题。

P2P在20世纪90年代发源于英国，其宗旨是让投资人和借贷人通过网络中介建立点对点的直接信贷关系。政府对这种模式采取了较为严苛的监管措施。P2P平台既不是投资公司，也不是贷款公司，其仅仅是被当作对储蓄账户、货币市场账户和存款证明等低息传统存款工具的补充。因此近30年来，英国仅有20余家P2P公司，美国P2P公司的市场规模也就几十亿美元。2006年，P2P模式引入中国。作为一种新型金融模式，国内没有专门针对P2P的监管制度，在资金第三方存款、抵押物准备、投资者和投资标的管理方面都是空

第九章 敢问路在何方

白，2017年全国P2P企业的总量一度达到4000余家，融资规模突破万亿元，成为游离在监管之外的重要金融风险。这些P2P本身都是高息揽储，之后从事高风险的投资，市场形势的波动很快就让P2P的风险暴露，大量投资者血本无归，而P2P暴雷之后的不良处置工作至今依然没有结束。

互联网和其他金融科技的发展不仅给传统机构下的金融模式进行赋能，同时塑造了金融的新业态。2015年之后，互联网公司对于金融业务的影响不断扩大，除了提供诸多金融的中间业务之外，也开始涉足资产负债业务，其中网络贷款就是重要的互联网金融产品。互联网企业凭借其掌握的大量消费者数据，能够更加精确刻画消费者信贷需求，了解其信用状况。但是很长时期内，国内互联网信贷业务的监管同样是空白，导致互联网企业在杠杆规模方面没有严格的管理。2020年开始，监管机构开始大刀阔斧地进行互联网金融行业整顿，逐步将互联网金融业务的监管纳入传统金融业务的监管框架之下。

数字货币同样是近年来政府高度重视的金融创新。加密货币推出以来，其匿名性、跨境支付的便利性以及潜在的财富保值吸引了很多追随者。2019年，当时的Facebook推出了数字货币Libra给全球带来极大的冲击，各国央行也开始加速研发数字货币。中国一度是全球最重要的加密货币"矿场"，是加密货币创新和交易的重要活跃区域,但是加密货币本身的私人属性和外生属性会严重侵蚀国家的货币主权,而其对监管的规避又会助长洗钱和腐败。2020年前后,数字货币市场大起大落,大量投资者损失惨重,中国政府加强了对私人数字货币的监管,保证了中国金融市场的健康稳定。

治世不一道,便国不法古。我们可以从近年来政府的举措上看出政府的监管风格,一方面在面对新的金融事务时能够克制先入为主,对金融创新抱有支持和包容;另一方面始终保持极强的定力,在坚守治理理念方面坚定不移。如何运用这种治理智慧更好地面对金融创新,也许是中国政府进行金融监管时必须回答的时代叩问。

(三)前瞻治理:开放创新领域

我们对金融开放有两个误解,第一个误解是对金融开放带来效率提升的笃定,第二个误解是认为当前金融开放的程度在历史上已经很高。改革开放以来,中国在推进金融开放的历程中,目睹了身边国家因金融开放引发的金融危机。虽然金融开放是提升金融效率的必由之路,缺乏配套措施的金融开放往往会带来适得其反的效果。如果把视野放得足够长,不难发现若仅从表面上看,当前中国金融开放的程度不如新中国成立之前的民国,甚至不如甲午战争之后的晚清,但彼

第九章 敢问路在何方

时的金融开放不仅没有带来稳定繁荣,反而让中国罹受了金融风波的冲击。

金融开放是一个技术活,不仅要熟悉各类国际金融产品和服务的特点、作用和风险,还要熟悉主要交易对手国家的监管制度和交易文化。更重要的是,在进行金融开放之前本国要有足够完善的金融基础设施,包括金融机构体系、金融监管规定、金融交易工具以及对未来风险的准确预判。改革开放以来的中国虽然在该领域已经取得了长足的进步,但是近年来暴露的风险事件始终提醒着人们,路漫漫其修远兮。

2020年4月21日凌晨2:30,纽约商业交易所WTI原油期货2005合约在到期交割前两个交易日结算价报-37.63美元/桶,最低价-40.73美元,下跌55.90美元,跌幅达305.97%。该事件标志性意义:一是创1982年以来最大单日跌幅,二是创WTI期货历史上首次负值价位。该事件导致以该期货为投资标的的中行原油宝理财产品多头穿仓,中国散户损失惨重并引起社会广泛关注,这就是2020年重要的"原油宝"事件。镍是新能源电池的重要制造原料,也是重要的战略物资。2021年底之前,镍期货价格基本稳定在2万美元/吨以下。到了2022年初,随着俄乌局势日益紧张,镍价出现明显上涨趋势,3月8日,镍价延续暴涨行情,一度攀升至10万美元/吨。随后,有媒体报道称青山集团持有的20万吨镍期货空头合约将无法在规定期限内完成现货交割。青山集团遭遇多头狙击,面临被强制平仓进而亏损数十亿美元的风险。

通过事后复盘,可以发现中国金融机构以及企业在对与境外挂钩的衍生品相关产品设计、监管制度的了解、市场趋势的判断、国际金融交易规则的把握、国际衍生品市场交易的相关风险等方面存在诸多薄弱环节,其中不仅涉及金融监管制度的不完善、金融机构风险管理和内控合规的缺位,还涉及金融从业者专业能力不足、应急处突措施不到位等诸多问题。上述虽然是个例,但是也能够看出中国在国际金融交易过程中普遍存在的短板和弱项。金融开放带来的金融风险其实一直环绕在我们身边,无论是政府还是企业,没有建立良好的金融治理制度,就很难应对金融开放后面临的挑战。

金融开放的大势所有人都看得清,但是如何开放得稳、开放得好,确实是一个很难举重若轻的命题。

三、"有形之手"将伸向何处

(一)理论力量和实践节奏

回到本书最开始的问题,政府究竟应该如何干预金融?这个问题放在任何一个时代背景之下都可以写厚厚的一本书。

第九章 敢问路在何方

如今，也有无数专家学者和从业人员针对国际形势、社会经济情况提出中肯具体的建议。如果拉长焦距，回望和总结改革开放以来、新中国成立以来、鸦片战争以来甚至更远的时间节点以来的经验，当前的中国政府进行金融治理的理论和实践应当有一些新的方向。

看到理论的力量。长期以来，金融治理在政府眼中是一项常规治理工作，面对国内外各种金融冲击采取及时精准的应对，在实际工作中，与其说是理论，倒不如说是经验扮演了更加重要的作用。务实主义的做法保证了中国政府的金融治理质量，也让中国在很短时间内加速推动了金融体制的改革和优化。但是随着改革到了深水区，金融治理面临着更多深层次的问题，见招拆招已经不足以让利刃触碰顽疾。这个时候，理论的指引就扮演着领航改革的重要作用。正如之前中国推行的供给侧结构性改革，本质上是对传统的、零星的应对式调整进行的革命。如果中国要在未来讲好"中国式发展"的故事，那就得先把蓝图绘制好，然后照着蓝图大刀阔斧地调整。金融治理同样如此，如果没有金融理论上的高质量探索，那么所有的治理手段都是在仓皇应对，很难有领先竞争者的前瞻性研判和布局。欧美诸多发达国家的重要金融政策机构的主要负责人很多都有着深厚的学术背景和理论功底，客观上也反映了理论对政策制定本身的重要性。要在金融治理上走出一条"中国式发展"的道路，就一定要重视金融理论的力量。

把握好实践的节奏。渐进式改革是中国政府金融治理历史过程中积攒下来的宝贵经验，我们推进金融市场化、开放化等重大改革的道路上都自觉采取了渐进式改革的方式。渐进式改革的重点其实并不在于"渐进"，而在于"改革"。如今，容易吃到的肉早都被吃光了，金融治理中剩下的每一项工作都是硬骨头，遇到困难的问题很容易产生不想冲不想上的想法，容易觉得"现在这样也挺好挺管用"。此时更是要保持改革的精气神，通过"渐进"的方法，让改革阻力可以分担，让改革任务可以具体，逐步把硬骨头啃下来。

举一纲而万目张，解一卷而众篇明。政府是金融治理的主体，塑造着中国金融市场的面貌，也书写着中国金融的历史。"一个人的行走决定一个人的存在，而一群人的行走可能决定一个时代的存在。"中国选择的方向，中国行走的方式，中国前行时留下的身影，构成了中国式金融道路的全部，它的意义超出了那些对得失的旷世追问，超出了答案本身。

（二）用开放倒逼改革

开放之所以能够对改革有倒逼作用，是因为它引入了新的治理对象，使得政府不得不对原本的治理框架和治理工具进行调整。明清以来，涉及金融治理的几次重要改革都与对外开放有关。改革开放以来，中国政府的金融治理能力迅速提高，很大程度上与中国金融业务不断走向市场化和国际化有关。因此，开放应该被视为促进政府金融治理能力提升的重要方法论，在未来一个阶段继续秉持。

中国金融发展受益于金融的市场化和国际化改革趋势，但客观上看，无论是我国金融业务发展的质量，还是我国金融监管的质效，和发达国家相比仍然有差距。重点金融领域的改革已经进入深水区，这个时候坚定有序地推进金融开放，才能进一步推动中国政府迈向深层次金融改革。

金融开放要走向何处呢？站在不同的角度和立场自然会有不同的答案。但是如果借鉴发达金融经济体的发展路径，可以发现有几方面的金融开放是提升国家金融效率的必由之路。

资本项目可兑换是衡量一个国家金融开放程度的重要指标。根据国际货币基金组织的分类，截止到2021年，资本项目包含的40个子项目中，中国基本实现可兑换的有19项，体量最大的跨境信贷类业务和衍生品交易业务却依然有着严格的资本管控。从当前的趋势看，资本项目逐步放开已经成为政策制定者的共识，但是身边诸多风险案例始终提醒着政府，要尽快建立起配套的金融监管制度才能实现资本项目的平稳健康开放。

货币国际化不仅体现了金融开放的程度，同时也体现出了金融体量和金融规模。中国自 2009 年开始大力支持人民币国际化以来，人民币在国际结算体系中占据的位置日益重要。然而当前中国资本账户未实现完全自由兑换，外汇形成机制也不够市场化，虽然中国进出口贸易已经在国际市场上占据举足轻重的地位，但是人民币在国际市场上的接受程度相对较低。

金融服务开放的进程相对较快，但是国际竞争主体在进入中国金融市场时依旧存在隐形的准入门槛，外资机构面对的监管政策与本土金融机构有所不同，导致了虽然形式上将国内金融市场向国际竞争者开放，但是实际上本土金融机构和外来金融机构因为市场准入环境和监管环境的巨大差异，一开始就出现了目标客群、服务模式、金融产品的分化，虽然进入了同样的金融市场，但国际金融机构实质上与国内金融机构在不同的赛道上，没有形成真正意义上的竞争，也就没有起到促进金融产品和服务质量提升的效果。

以上的几个例子其实都是金融开放中需要关注的问题。金融开放牵一发而动全身。如前文所述，越是影响面广的调整，越是需要充分论证、审慎实践，才能让金融开放成为提升金融质效的灵丹妙药。

(三) 与时俱进拓展治理边界

政府进行金融干预是否有最优的边界？如果有，这个边界在什么地方？中国政府的金融干预历史对我们寻找和确定边界有什么帮助？

要回答上述问题，不仅要牢牢守住政府在治理过程中遵循的政治逻辑和金融逻辑，同时也要站在时代发展的浪潮中与时俱进地思考和实践。从前文的介绍中，我们发现不同的历史时期中国政府对于金融活动的干预程度差异很大，造成这种差异的原因主要有两类，一类是实事环境的不同带来的金融环境的差异，另一类是技术水平不同带来的金融工具的差异。如今，金融活动的边界在拓展，政府要想更有效地干预金融，如何与时俱进地拓展治理边界就成为这个时代的必答题。

当前中国面临的金融大环境相比于历史上的其他时期有着鲜明的多边性，并且当前中国还没有成为这个多边金融体系的引领者。如今，国内金融活动与国际金融活动已经水乳交融、难舍难分，政府金融治理的边界自然而然拓展到了与本国息息相关的国际金融活动中。在当前环境下，如何充分发挥国际金融治理的平台作用，以更好实现政府对新金融领域的治理就显得尤为重要。

科技的进步同样是政府金融干预边界的拓展帮手。互联网、大数据、高速信息传输体系等科技基础设施的完善升级让金融活动的规模扩大、形式丰富，金融治理的对象变得更加复杂和庞大。但与此同时，科技也让金融业务的透明度增强，更多的金融活动信息映入了政府的眼帘，为金融治理决策提供了更多的支持和帮助，只要有正确的金融理论和丰富的金融经验，更加丰富多样的金融信息会改进金融治理决策的质量。

至此，我们似乎可以做一个概括式的总结，所谓对政府在金融干预时的边界，指的是政府能够清晰把握决策环境、理解决策传导机制、预判决策后果的最细最小的治理颗粒度。当理论认识、实践经验和技术工具不足以支撑上述标准时，政府很难保证政策的有效性，无法在更加精细化的层面上进行科学干预。此时如果政府的"有形之手"伸得太长，则很有可能扭曲原有资源配置，造成金融低效。反之，如果"有形之手"伸得不够，则会导致政府在部分金融领域的治理缺位，难以对金融进程进行合理的指导引领，可能引致系统性金融风险的聚集。

《吕氏春秋·察今》有言，"释先王之成法，而法其所以为法"。逐渐摸索政府金融干预的边界绝非易事，"成法"难以突破，"所以为法"不易坚守。所幸历史已经把答案封存进了每一个故事，留给这个时代的思考者去挖掘和探索。